N잡러 시대의 슬기로운 직장 생활

가장 현실적인 자기계발과 자산관리 가이드

N잡러 시대의
슬기로운 직장 생활

정성훈 지음

　　누구나 잘 아는 '개미와 베짱이' 이야기로 시작해 보자.

햇볕이 쨍쨍한 여름에도 열심히 일하는 개미가 있다. 시원한 나무 그늘 아래서 신나게 노래하는 베짱이도 있다. 그렇게 시간이 흘러 마침내 추운 겨울이 왔다. 성실하게 일한 개미는 따뜻한 집에서 가족들과 시간을 보내는 반면, 베짱이는 게으름의 대가를 톡톡히 치른다. 이야기가 주는 교훈은 명확하다. 나중에 무슨 일이 닥칠지 모르기 때문에 열심히 그리고 성실히 미래를 준비해야 한다는 것이다.

　　그런데 최근에는 다양한 버전의 개미와 베짱이 이야기가 등장했다. 그중 하나는 이렇다. 개미는 항상 일만 했다. 해가 쨍쨍 뜨는 날에도, 바람이 세차게 부는 날에도 그랬다. 그런 개미를 베짱이는 비웃었다. '한 번뿐인 삶을 왜 저렇게 힘들게 보내는지 모르겠어.' 역시나 겨울이 찾아왔다. 개미와 베짱이는 어떻게 되었을까?

성실한 개미는 아무리 일을 해도 이상하게 행복하지가 않다. 개미에게 봄, 여름, 가을은 그저 겨울을 위한 노동의 시간이었다. 자신을 돌보거나 즐길 여유는 없었다. 겨울을 무사히 난 개미에게 또다시 돌아오는 봄은 겨울을 준비해야 하는 기간, 그 이상도 이하도 아니다. 그러니 행복하지 않을 수밖에.

우리 처지도 개미와 비슷하다. 아니, 요즘은 상황이 더 악화되었다. 열심히 일해도 저축은 언감생심, 생활비를 감당하기도 힘들다. 천정부지로 오르는 집값을 따라잡는 건 불가능하다. 게다가 또 다른 걱정도 생겼다. 자녀에게 마땅히 물려줄 자산이 없다는 것이다. 자녀 또한 성실함만 가지고는 집은커녕 취업도 결혼도 어렵다는 사실을 알아 버렸다. 개미는 갈수록 어려워지는 환경이 답답하기만 하다.

베짱이는 어떨까? 베짱이는 봄, 여름, 가을을 모두 자신을 위해 사용했다. 그 시간에 많은 경험과 추억을 쌓았다. 친구도 사귀고 도전도 하고 실패도 맛보았다. 재테크에도 뛰어들어 지금은 부동산과 주식 등을 통해 임대소득과 배당소득을 꾸준히 챙기고 있다. 또한 매입한 부동산을 더 비싼 가격으로 되팔아 양도소득까지 남겼다.

새로운 개미와 베짱이 이야기는 우리 사회의 현실이다. 회사를 다니지만 언제 그만둘지 모르는 직장인들의 이야기이기도 하다. 직장인이라면 누구나 힘들고 눈치도 봐야 하고 심지어 남을 밟고 올라가야 한다. 이런 생활이 싫어 다른 삶을 생각하지만, 명확하게 떠오르는 방법이 없다. 개미와 베짱이 중 누구처럼 살아야 할지 혼란스럽다. 많은 사람이 비슷한 고민을 하지만 어떻게 행동해야 할지 막막하다.

더 이상 회사 생활만 열심히 하면 되는 시대가 아니다. 그렇다고 남들 따라 재테크에 관심을 갖자니 그것도 쉬운 일이 아니다. 수많은 부동산과 금융상품 중 나에게 맞는 것을 찾기조차 어렵다. 세상이 이러니 고민 또한 늘어난다. 어릴 때는 모든 것이 명확했는데 나이가 들어 갈수록 혼란스럽다. 아마 같은 고민을 하는 사람이 나 혼자만은 아닐 것이다. 그래서 이 책을 썼다. 한 분이라도 도움을 드리기 위해. 내가 겪은 혼란을 줄여 드리기 위해. 이런 마음으로 책을 완성할 수 있었다.

여러분은 어떤 삶을 원하는지 묻고 싶다. 개미인가? 베짱이인가? 그런데 정답은 양자택일이 아니다. 옛날에는 개미 아니면 베짱이뿐이었지만 4차 산업 혁명 시대에는 두 가지 삶을 병행할 수 있다. 따라서 구체적인 해법은 조금씩 다르다. 혼자 사는 사람과 가족을 위해 모든 것을 쏟아부어야 하는 사람, 현재의 직장에 만족하는 사람과 그렇지 않은 사람 등 상황이 모두 다르기 때문이다. 그러니 자신에게 맞는 올바른 길을 찾아가는 것이 중요하다. 자신을 되돌아볼 수 있는 시간을 갖고 명확한 목표와 계획을 세워야 한다. 그래야만 실천할 수 있다. 이제는 도전하고 실행하는 사람만이 살아남는 시대다.

이 책은 크게 4장으로 나뉘어 있다. 1장 '자기계발 권하는 사회'에서는 현재 직장인이 처한 환경을 분석하고 퇴직 전에 어떤 준비를 해야 하는지 알아보았다. 2장 '나의 꿈, 나의 인생'에서는 다른 사람이 원하는 삶이 아닌 자신이 정말 하고 싶은 일을 찾는 방법을 서술했다. 3장 '자산을 만들면 자신감이 생긴다'에서는 직장 생활을 하면서 경제적인 준비를 어떻게 해야 되는지를 이야기했고, 4장 '실행을 해야 결과가 나온다'는 가장 중요한 실천에 관한 내용을 담았다.

이 책의 이야기를 어떻게 받아들이든 여러분의 자유다. 모든 직장인에게 맞는 정답 또한 아닐 것이다. 그래도 이 책을 통해 직장인 여러분의 삶에 작은 힘이나마 더해 주고 싶다. 그래서 조금이라도 변화가 생겼으면 좋겠다. 그것만으로도 나는 행복할 것이다.

　인생의 전환점에 서서 앞으로의 삶을 고민하는 직장인
들에게 다시 한번 파이팅을 외친다.

2021년 1월

정성훈

차례

1

자기계발
권하는 사회

요즘 사회는 자기계발을 권한다. 각종 언론과 미디어, 주변 사람들까지도 뭔가를 꼭 배워야 한단다. 책도 읽고 영어도 공부해야 한다. TV를 보며 뒹굴뒹굴하거나 시간을 허투루 쓴 다음 날이면 양심의 가책을 느껴야 할 것만 같은 시대다. 하지만 무엇을 하건 불안은 떠나지 않는다. 승자 독식의 시대, 밀려나면 죽을지도 모른다는 위기감이 불안의 원천이다. 그리하여 모두가 '스펙'에 목숨을 거는 시대가 되었다. 살아남기 위해서는 스펙이 좋아야 한다. 스펙으로 어떻게든 남보다 뛰어난 것을 증명해야 한다. 그래야 생존이 가능하다.

참 팍팍한 세상이 아닐 수 없다. 살아남기 위해 영어 공부를 해야 하고, 남보다 뛰어난 스펙을 얻기 위해서 공모전도 해야 하고, 한목숨 이어 가려고 책도 읽고 인강(인터넷 강의)도 들어야 하니 말이다. 자신의 세계를 넓히기 위해 외국어를 배우거나, 끝없는 호기심으로 무언가에 도전하거나, 그냥 아무런 이유 없이 책과 음악을 즐기는 일은 불가능한 사치가 되어 버렸다.

무섭다. 자기'개발'. 살아남기 위해 자신을 다그치는 일은 '계발'보다 '개발'에 더 가깝다. 인간이 자연을 '개발'한 목적도 생존이었다. 이제는 사람을 개발하는 시대가 되었다. 이런 시대에 어떤 삶을 살아야 할지 참 어렵다. 그래도 돌파구가 필요하지 않을까? 이제 현실을 직시하고 해결책을 함께 고민해 보자.

1.
'파이어족'을 아시나요?

'짠테크', '저금통', '26주 적금' 같은 말이 유행이다. 그만큼 아끼고 절약하는 방식이 크게 주목받고 있다는 뜻이다. 젊은 세대부터 노년층까지 전 세대가 다양한 짠테크 방식으로 불확실한 미래에 대비하고 있다.

미국의 젊은 엘리트 직장인 중에는 '파이어Financial Independence, Retire Early족'이 급속히 늘고 있다. 파이어족이란 경제 자립을 토대로 자발적 조기 은퇴를 추구하는 사람을 말한다. 보통 은퇴 연령은 50~60대다. 그런데 파이어족은 30대 후반, 늦어도 40대 초반의 조기 은퇴를 목표로 극단적인 절약 생활을 실천한다. 미국판 '짠테크족'이라고 부를 만하다.

최근 월스트리트저널WSJ에도 관련 기사가 실렸다. 대학을 졸업하고 평균 이상의 소득을 올리는 미국 20~30대 직장인들 사이에서 '독립적인 삶을 위해 65세 은퇴까지 기다려서는 안 된다'는 '파이어 운동'이 확산하고 있다는 내용이다.

2018년 기준 미국 내 상위 25개 고소득 직종 중 22위인 변호사는 평균 연봉이 9만 6,678달러다. 전체 직업군 중에는 단연 상위권이다. 그런데 미국 시애틀에서 변호사로 일하는 S(38·여)는 11평짜리 소형 아파트에 살면서 한 달 식료품비로 75달러(약 8만 원)만 지출하는 절약 생활을 한다. 40세에 조기 은퇴를 하기 위해 기꺼이 허리띠를 졸라맨다.

기사에 등장한 파이어족들은 작은 집에 살면서 오래된 차를 타며 소득의 50~70%를 저축한다. 이들은 구체적인 재정 목표를 정하고 소비를 줄이기 위해 온갖 방법을 동원한다. 예컨대 '40세에 200만 달러를 모아서 은퇴하기'를 목표로 삼는다. 이를 위해 식료품은 유통기한이 다 된 상품을 할인가로 구입하고 웬만한 거리는 걸어 다닌다. 또한 온라인 동영상 서비스인 넷플릭스는 친구 아이디로 접속해 즐기고 여행은 카드 포인트를 활용해 다닌다. 심지어 생활비를 아끼기 위해 먹거리를 스스로 재배하기도 한다. 이런 식으로 수입의 50% 이상을 저축한다.

그렇다면 파이어 운동 붐이 일어난 이유는 무엇일까? 처음 등장한 것은 1990년대지만 급속히 퍼진 계기는 2008년 글로벌 금융위기였다. 이 무렵 사회생활을 시작한 밀레니얼 세대millennials가 파이어 운동에 합류한 덕분이다. 이를 두고 BBC에서는 '유례 없이 길고 지루한 금융위기를 겪으면서 밀레니얼 세대를 중심으로 파이어 운동이 영국과 호주, 네덜란드, 인도 등지로 확산했다'고 소개했다. 65세에 준비 없이 은퇴한 뒤 고군분투하는 부모 세대의 모습을 본 젊은이들이 파이어 운동의 주축이 되었다. 이런 까닭에 '짠테크'는 한국뿐 아니라 전 세계 젊은이들의 유행이 되었다.

파이어족이 조기 은퇴를 위해 꿈꾸는 목표 자금은 평균 100만 달러, 우리 돈으로 약 12억 원이다. 이를 주식에 투자하거나 은행에 예치해 나오는 수익으로 생활비를 쓰겠다는 계산이다. 이들은 늦어도 40대 초반에는 퇴직해 업무 스트레스에서 벗어난 삶을 살고자 한다.

그리고 구두쇠 생활은 은퇴 후에도 계속된다. 여전히 작은 집에서 살며 비싼 의료보험을 피하고 자녀는 학비가 싼 공립학교에 보낸다. 이런 현상은 성취감을 주지 못하는 직장에 대한 불만과 전통적인 사회보장제도의 붕괴, 불황의 영향으로 더욱 강해진 안정된 삶에 대한 열망 때문으로 보인다.

실제 조기 은퇴에 성공한 파이어족들은 SNS에 자신의 경험담을 공유하기도 한다. 이를 통해 알 수 있는 조기 은퇴 성공 노하우는 다음과 같다.

첫째, 고민하고 또 고민하라. 단순히 현재 직업이 싫다는 이유로 파이어족이 되고자 한다면 위험하다. 조기 은퇴 후 자신이 원하는 모습을 구체적으로 그려 봐야 한다. 둘째, 꼼꼼히 계산해 목표 금액을 정하라. 목표 금액을 제대로 설정하려면 꽤 오랜 준비 시간이 필요하다. 나이가 들수록 추가로 발생하는 비용까지 충분히 계산해야 한다. 셋째, 저축보다 빚 청산이 먼저다. 부채가 있다면 목표 금액을 충족했더라도 다시 일을 해야 하는 상황이 발생할 수 있다. 그러면 조기 은퇴의 의미가 사라진다.

마지막으로 가장 중요한 점은 '짠 내 나는 생활을 두려워하지 말라'이다. 매년 가던 여행을 3~4년에 한 번으로 줄이고 자동차는 10년 이상 탄다. 가전제품도 큰 고장이 없는 한 계속 써야 한다. 검소한 생활은 조기 은퇴 후에도 필수다.

이렇듯 파이어 운동의 기본 개념은 '짧게 벌어 오랫동안 적게 쓰기'다. 경제적 여유로움을 즐기는 은퇴 생활과는 거리가 멀다. 아껴 쓰는 생활을 은퇴 후에도 유지하는 것이 핵심이다. 젊을 때 조금이라도 아끼고 저축하며 노후를 대비하려는 요즘 한국 젊은 세대의 모습과 어느 정도 일맥상통한다. 나 역시 오늘도 이 덕목을 실천하고자 노력 중이다. 지금도 잘 굴러가는 나의 2004년식 차를 보면서 늘 마음을 다잡는다.

2.
마흔 즈음에

　평범한 40대 직장인이라면 누구나 퇴직의 두려움을 느낄 것이다. 여태 아무것도 이루지 못했다는 생각에 마음이 조급해지기도 한다. 회사 동기들은 나보다 윗자리를 꿰차고는 어깨에 힘을 주고 다닌다. 후배들은 빠르게 치고 올라온다. 언제 내 자리를 빼앗길지 불안하다. '명퇴'는 더 이상 남의 일이 아니다. 이럴 때 나보다 훨씬 공부를 못했던 고등학교 친구가 사업을 해서 건물주가 되었다는 소리가 들리면 동창회조차 나가기 싫어진다.

　누군가 호기롭게 사표 던지는 모습을 보면 부럽지만 감히 따라 하지는 못한다. 대신 어떻게 자기계발과 자산관리를 해야 하는지 여러 채널을 통해 정보를 구한다. 하지만 관련 블로그를 보고 책을 읽어도 허전함을 달래기에는 여전히 부족하다.

흔히 마흔을 인생의 황금기라고 부른다. 어리바리한 20대, 정신없는 30대를 지나 적잖은 성취를 이룬 나이. 아직 체력도 젊을 때 못지않다. 하지만 마흔이 되어 본 사람이라면 안다. 마흔이란 모든 것이 갖춰진 나이라기보다는 이제야 제대로 마음먹고 도전해 볼 수 있는 시기다.

40대는 인생에서 가장 중요한 변곡점이다. 지금처럼 별생각 없이 똑같은 삶을 살지, 아니면 다른 사고방식과 자세로 새로운 꿈에 도전하는 삶을 살지 결정해야 할 때다. 그 선택에 따라 인생 후반부는 완전히 달라질 것이다.

그런 40대가 청년보다 훨씬 더 민감하게 생각해야 하는 점이 있다. 다름 아닌 시간이다. 퇴사 이후 자신의 삶을 위해 당장 할 수 있는 일을 생각해 보고, 그날의 자신을 위해 시간을 아껴 투자해야 한다. 지금은 1시간이면 되지만 나중엔 10시간을 쏟아부어도 힘들다. 시간은 우리를 기다려 주지 않는다. 가용 시간을 최대한 확보해 퇴직 준비에 만전을 기해야 한다.

대한민국 퇴직자들이 사는 법

'소득 크레바스Crevasse'란 안정된 소득이 끊기거나 줄어드는 시기를 말한다. 우리나라의 소득 크레바스는 보통 퇴직 후부터 국민연금을 받기까지의 기간으로 평균 10년 이상이다. 2019년 통계청 발표에 따르면 우리나라 직장인의 주된 일자리 퇴직 연령은 평균 49.5세다. 그런데 국민연금 수령 시기는 2019년 62세에서 2034년엔 65세까지 늦춰질 전망이다. 소득 크레바스의 틈이 시간이 지날수록 더 벌어지는 셈이다.

하나금융그룹에서 운영하는 '100년 행복연구센터'는 서울, 수도권과 5대 광역시에 거주하는 50세 이상 남녀 퇴직자를 대상으로 소득 크레바스의 현실을 알아봤다. 현재 얼마나 지출하고 어떻게 생활비를 마련하는지, 앞으로 노후 자금은 어떻게 관리할 생각인지 등을 조사했다.

그 결과 퇴직자의 생활비는 평균 월 252만 원으로 나타났다. 퇴직자 3명 중 2명은 퇴직 전보다 생활비를 평균 28.7% 줄였다. 퇴직자들의 바람과 현실에는 차이가 존재했다. 퇴직자들은 괜찮은 생활수준을 위해 월 400만 원 이상 필요하다고 본다. 생활비 200~300만 원은 '남한테 아쉬운 소리 안 하며 먹고사는 정도'일 뿐이다. 경조사를 챙기고 사람도 만나며 여가를 즐기려면 그 이상이 있어야 한다는 생각이다.

퇴직자에게 노후 준비는 아직 끝내지 못한 숙제다. 가

장 큰 걱정은 '앞으로 늘어날 의료비(71.7%)'와 '노후자금 부족(62.0%)'이다. 여기에 '자녀의 결혼 비용(56.2%)' 부담까지 보태진다. 그래서 퇴직자 대부분이 허리띠를 졸라매고 경제 활동을 더 해야겠다고 생각한다. 그리고 저축을 계속하거나 보유 주택을 활용하고, 여생 동안 생활비를 지급하는 금융 상품을 찾는다.

'국민연금을 어떻게 수령할 것인가?'라는 질문에 퇴직자 대부분(72.4%)이 '제때에 받겠다'고 응답했다. 반면에 국민연금을 미리 받는 '조기 연금 신청'은 12.3%, 늦게 받는 대신 국민연금액을 늘리는 '연기 연금 신청'은 15.3%에 불과했다. 또한 퇴직자의 54.4%는 노후자금이 부족한 상황이 오면 주택연금을 활용할 것이라고 답했다. 주택연금을 노후 준비의 비상수단으로 보고 있다는 뜻이다.

한편 여가 활동에는 하루 평균 2.6시간, 월 평균 14만 원을 쓰며 주로 배우자와 함께한다고 대답했다. 그러면서 대부분(60.8%)은 여가가 종전과 비슷하거나 오히려 줄었다고 답한다. 여가를 즐기기에는 돈이 부족하거나(47.9%) 일하느라 시간이 모자라기(31.3%) 때문이다.

'100년 행복연구센터' 보고서는 퇴직자 가운데 스스로 노후자금이 충분하다고 평가한 사람들을 '금(金)퇴족'으로 정의했다. 노후 준비에 자신감을 가진 금퇴족은 전체 응답자의 8.2%를 차지했다. 이들은 어떻게 노후 걱정 없이 당당하게 퇴직할 수 있었을까? 사회 초년생 시절부터 퇴직 전까지 금퇴족의 자산관리 방법을 살펴보자.

첫째, 연금에 일찍 가입하여 노후 준비 완성 시기를 앞당긴다. 금퇴족 대부분은 퇴직연금이나 연금저축 같은 상품에 일찍 가입했다. 30대 초반에 이미 28.0%가 연금에 가입했고 40대에는 연금 가입률이 46.3%까지 올라갔다. 이에 비해 일반 퇴직자의 연금 가입률은 30대 이전에 20.4%였고 40대 후반이 되어서도 32.0%에 머물렀다.

둘째, 투자금융자산을 활용한다. 금퇴족 4명 중 1명 (26.8%)은 25세 이전부터 주식, 펀드, 파생상품 등에 투자한 경험이 있다. 30대 후반부터는 절반 정도(47.6%)가 투자금융상품을 활용했다. 덕분에 금퇴족은 다른 퇴직자에 비해 투자 관련 지식이나 정보 수준이 높은 편이다.

셋째, 지속적으로 정보를 수집하고 자금을 운용한다. 금퇴족은 다양한 방법으로 노후자금 운용에 필요한 정보를 모은다. 이들이 주로 활용하는 정보 수집 채널은 금융회사 자산관리 설명회, 친구나 지인, 투자 정보 도서, 인터넷 등이다. 금퇴족은 일반 퇴직자보다 자산관리 전문가와 상담 경험도 많았다. 상담 영역은 보험(70.3%) 〉 은퇴자산 운용 (45.9%) 〉 세금 관리(37.8%) 〉 상속·증여(16.2%) 순이었다.

넷째, 내 집 마련으로 주거 안정성과 노후 비상 재원을 동시에 확보한다. 금퇴족의 92.7%는 주택을 보유하고 있다. 다른 퇴직자(74.0%)에 비해 18.7%p 높은 수치다. 이들은 생애 첫 주택 마련 시기도 빨랐다. 절반 가까이(46.0%)가 35세 이전이라고 답했다. 금퇴족 역시 주택연금을 노후 비상 재원으로 보는 경우가 많다. 이 경우 평균적으로 72세에 월 174만 원을 수령할 것으로 예상한다.

다섯째, 부동산에서 현금흐름을 만든다. 금퇴족의 72.0%가 주택 외에 부동산을 가지고 있다. 유형별로는 주택(47.6%) 〉 토지(25.6%) 〉 상가(13.4%) 〉 오피스텔(12.2%) 순이다. 덕분에 생활비 공급 원천 또한 금융소득과 임대소득 등으로 다양했다. 한마디로 금퇴족은 일찍부터 자산을 잘 운용하여 퇴직 후 소득원을 분산시켰다.

3.
회사에서 버틸 수 있는 시간

2021년 현재 나는 우리 나이로 마흔일곱이다. 내가 어디에 있든, 무엇을 하든 지금부터의 몇 년이 앞으로의 인생에서 가장 중요한 시기라는 점을 직감하고 있다. 또한 회사를 얼마나 더 다닐 수 있을지 판단하는 데 가장 중요한 기준이 '가치 창출 역량'이라는 사실도 알고 있다.

마흔이 넘었다는 것은 구조조정의 위험에 크게 노출되어 있다는 의미다. 이를 피하려면 조직 내에서 자신의 역량을 입증할 수 있어야 한다. 쉽게 말해 연봉보다 높은 가치를 만들어 낼 수 있어야 한다는 뜻이다. 마음속에 걱정, 불안, 두려움이 크다면 그만큼 시간이 많지 않다는 방증이다. 이러한 감정이 내면으로 파고들어 자신을 더욱 괴롭히기 전에 미래를 위한 에너지로 전환시키는 자세가 필요하다.

큰 변화 없이 지금처럼 직장 생활을 한다면 회사에서

버틸 수 있는 시간은 과연 어느 정도일까? 여기서 버틸 수 있는 시간을 두 가지로 구분할 수 있다. 첫째, 주변의 우호적인 평판 속에 건강하고 경쟁력 있는 상태로 버틸 수 있는 시간이다. 이는 회사에 없어서는 안 되는 사람이며 연봉보다 높은 가치를 창출하는 상황을 뜻한다. 둘째, 근근이 버틸 수 있는 시간이다. 회사를 그만두면 오히려 회사가 고마워하는 상황이다. 즉, 밥값을 못하고 있는 상태다. 전자와 후자 중 자신의 현재 상황에 따라 회사에서의 시간은 몇 년이 될 수도, 몇 개월이 될 수도 있다.

하지만 어떤 상태에 있든지 시간은 보수적으로 잡는 편이 좋다. 불확실성이 일상화된 지금의 세상은 결코 우호적이지 않다. 나는 군대 전역 직후부터 직장 생활을 했지만 떠나는 직원을 붙잡는 회사를 거의 본 적이 없다. 지금 상태를 유지한다면 현재의 직업에서, 혹은 회사에서 허락된 시간은 몇 년쯤일까? 적지 않은 시간 동안 사회생활을 해 온 40대라면 머릿속에 순간적으로 떠오르는 시간이 있을 것이다. 그리고 그 시간은 정확할 확률이 굉장히 높다.

이 시간은 매우 의미가 크다. 자신의 경쟁력을 숫자로 표현한 것이기 때문이다. 구체적인 숫자가 나왔다면 절박한 마음으로 앞으로의 삶을 설계하고 계획해야 한다. 이 시간 동안 자신의 직업과 경력을 바꿔 줄 수 있는 무언가를 해야 한다. 자격증, 학위를 취득하거나 외국어에 끝장 승부를 봐도 좋다. 지금까지 축적된 지식이나 노하우, 경험을 정리해 집필이나 강의에 도전하는 방법도 있다. 다시 말해 이 시기에는 이전에 할 수 없었던 일을 할 수 있도록 만들어야 한다. 나중에 하려고 미뤄 뒀던 일을 즉시 실행하고 다시 태어나는 시간으로 삼아야 한다.

태어나는 모든 것에는 죽음이 따르듯, 직장인에게 퇴직은 필연이다. 직장에서 아무리 승승장구한다 해도 예외는 없다. 그러니 누구라도 퇴직 후 인생을 보람차게 살아갈 방법을 고민해야 한다. 썩 넉넉하지는 않지만 직장 생활을 통해 먹고사는 문제가 어느 정도 해결되었다고 생각하는 사람이 많다. 하지만 정말 자신이 하고 싶은 일이 무엇인지 고민하고 판단해 새로운 삶을 살아야 할 필요성이 과제로 남겨졌다. 직장을 발판 삼아 또 다른 시작을 준비해야 한다. 그럴 수 있도록 자신만의 비밀 병기를 만들어 나가야 한다.

물론 준비가 결코 쉽지는 않다. 주위 선배들만 보더라도 그렇다. 잘못된 투자로 가진 자금을 모두 날려 버리는 일도 심심치 않게 벌어진다. 이런 상황을 볼 때마다 서투른 준비와 투자가 얼마나 위험한지 실감한다. 마치 살얼음판을 걷는 듯한 위기감이 든다.

왜 수많은 직장인이 40대 후반에서 50대 초반이면 회사를 떠나 프랜차이즈 요식업을 기웃거릴까? 답은 간단하다. 자신만의 확고한 기술과 전문성이 없기 때문이다. 회사를 다니는 동안 자신만의 기술과 전문성을 만들어야 제대로 된 인생 2막을 열 수 있다는 진리를 기억하자. 그러니 서둘러야 한다. 시간이 얼마 남지 않았다.

지금까지 살펴본 '직장 생활 중에 미래를 준비해야 하는 이유'를 3가지로 정리해 볼 수 있다. 첫째, 퇴직 시점을 본인이 선택하기 위해서. 둘째, 퇴직 이후의 행복한 인생을 준비하기 위해서. 마지막으로, 지금부터 주체적이고 즐겁게 살기 위해서. 퇴직 시점을 스스로 정하고 이후를 준비한다면 이제부터 시간의 주인은 자신이 된다. 하루하루를 버티던 생활이 내일을 준비하는 삶으로 바뀌면 직장과 가정생활 또한 더 충실해질 것이다.

직장인이 퇴사하는 이유

2019년, 구인 구직 매칭 기업 '사람인'이 20대 이상 직장인 826명을 대상으로 퇴사에 관한 설문조사를 했다. 직장인 10명 중 8명 이상이 퇴사 충동을 느낀 적이 있다는 결과가 나왔다. 응답자의 86.6%(715명)가 '사표를 내고 싶은 충동을 느낀 적이 있나'라는 질문에 '그렇다'고 대답했다.

퇴사 충동을 가장 크게 느낀 순간을 묻는 질문에는 '회사에 비전이 없다고 느껴질 때'라고 응답한 직장인이 27.1%로 가장 많았다. '연봉이 낮다고 느껴질 때'(20.1%)와 '잦은 야근 등 격무에 시달릴 때'(9%)란 응답이 뒤를 이었다. 그 밖에 '상사에게 억울하게 혼날 때', '열심히 해도 아무도 알아주지 않을 때'라는 응답도 있었다.

퇴사 충동을 느낀 빈도는 '한 달에 두세 번'(29.5%)이 가장 많았고 '하루에도 수시로 느낀다'(22.7%)는 응답이 2위를 차지했다. 그 뒤로 '일 년에 한두 번'(17.3%), '2~3일에 한 번'(12.6%), '일주일에 한 번'(11.9%) 순이었다. 퇴사 충동을 경험한 직장인(715명) 중 39.7%는 실제 퇴사를 실행한 적이 있었다. 그런데 퇴사를 한 이유는 연령대별로 사뭇 달랐다.

취업 포털 인크루트가 직장인 764명을 대상으로 진행한 설문 결과는 연령대별 퇴사 이유를 잘 보여 준다. '퇴사 경험이 있다'고 응답한 직장인(82.8%) 중 20~40대는 '업무 로드 및 업무 구조 문제'를 첫 번째 퇴사 이유로 꼽았다. 반면 50대는 '직장 동료 문제', 60대는 '퇴사 후 계획 실천을 위한 결심이 서서'라는 응답이 가장 많았다. 이는 직장과 개인 생활 간 균형을 뜻하는 '워라밸Work-life balance'을 중시하는 젊은 세대의 특성이 반영된 결과로 풀이된다.

이를 보면 수평적이고 강압적이지 않은 조직 문화가 젊은 세대의 진로 선택에 적지 않은 영향을 주고 있다는 사실을 알 수 있다. 상사의 갑질을 꾹 참으며 사직서를 가슴에만 품던 이전 세대와 지금의 젊은 세대는 확연히 다르다.

요즘 세대는 고용 절벽과 취업난이 지속되는 현실에서도 과도하고 부당한 업무 전가, 잦은 야근과 회식에서 벗어나 개인의 적성과 생활 모두를 잡으려고 한다. 한마디로 자신이 원하는 일을 하며 여유 있게 살고 싶어 한다. 이를 위해서는 두 가지를 먼저 해결해야 한다. 우선 자신이 원하는 일이 무엇인지 알아야 하고, 다음으로 경제적 여유가 있어야 한다.

전자는 사람마다 다르다. 따라서 자신이 평생 해도 질리지 않을 일을 찾으려면 여러 가지를 경험해 보는 것이 좋다. 결혼 전 연애 경험이 많으면 배우자와 백년해로할 확률이 높은 것과 같은 이치다.

이에 비해 후자는 누구에게나 비슷하게 적용될 수 있다. 특히 자신이 직접 일하지 않아도 발생하는 소득, 즉 자산만으로 현재 소비를 충족시킬 수 있다면 경제적 여유가 있다고 판단할 수 있다. 이런 자산을 만드는 방법으로는 수익형 부동산, 주식, 지적재산권 등을 꼽을 수 있다. 나 역시 이러한 방법을 동원해서 자산을 늘려 나가고 있다. 이 부분은 3장에서 더욱 자세히 설명하겠다.

자격증 덕 톡톡히 봅니다

자격증 취득은 직장인들이 회사를 다니는 동안 가장 많이 하는 자기계발 중 하나다. 나 또한 CFP(국제공인재무설계사) 등 금융 관련 자격증을 여러 개 보유하고 있다. 지금도 직장 생활을 하면서 1년에 1자격증 취득을 목표로 노력하고 있다. 꾸준히 하다 보니 꽤 많은 자격증이 결과물로 남았다. 그중에서도 CFP 취득은 직장에서 포지션을 명확히 하는 데 가장 큰 도움이 되었다.

CFP는 최소 6개월 이상은 공부해야 딸 수 있기에 금융업계에서 꽤 인기 있는 자격증이다. 이 자격증을 따기까지 운도 따랐지만 노력도 게을리하지 않았다. 꼬박 6개월 동안은 퇴근 후 바로 집에 가서 밤 11시까지 공부를 했다. 학창 시절 충분히 못 했던 공부를 직장 다니면서 원 없이 한 셈이다.

현재 근무하는 교육팀에서 CFP 자격증 보유자는 나 혼자다. 자연스레 FC^Financial Consultant의 재무설계 교육을 담당하게 되었다. 덕분에 우리나라 최고 전문가들의 강의를 들을 뿐 아니라 그들과 좋은 관계까지 맺을 수 있었다. 이런 시간이 쌓이다 보니 새로운 시각으로 재무설계를 바라볼 수 있게 되었고 스스로를 발전시킬 수 있었다.

나는 퇴직 후 전문 자격증 취득과 프로 강사의 꿈도 가지고 있다. 이는 최고 전문가들과 네트워크를 형성했기에 가질 수 있는 꿈이다. 당연히 꿈을 이루기 위한 준비에도 열심이다. 자투리 시간을 최대한 활용해 위험관리와 보험설계, 직장인 자산관리뿐만 아니라 세계 여행 스토리텔링까지 다양한 주제로 특화된 콘텐츠를 만들어 가고 있다.

이 중 '세계 여행 스토리텔링'은 교육 관련 일로 인연을 맺은 강사님 덕분에 확장하게 된 분야다. 특정 국가의 역사, 문화, 인물, 음악, 미술 등을 통합해 하나의 이야기로 만들어 내는 강연이었는데 처음 들었을 때 충격적으로 느껴질 만큼 좋았다. 이때부터 여러 해 인연을 이어 오고 있는 강사님께 스페인 여행 스토리텔링의 콘텐츠와 노하우를 전수받기로 했다. 코로나가 좀 잠잠해지면 겸사겸사 스페인 여행도 다녀올 계획이다.

이 밖에 직장인의 자기계발과 자산관리 강의도 준비 중이다. 훌륭한 강사님들께 배운 것처럼 나도 다른 누군가에게 도움이 되는 이야기를 들려주고 싶기 때문이다. 열심히 준비를 하다 보니 사내 직원을 상대로 한 '직장인의 자산관리' 강사로 위촉되었다. 회사 업무를 하며 강의 교안을 만들기가 쉽진 않지만 동료들에게 도움이 된다는 사실에 가슴이 뛴다.

또한 앞으로는 부동산 공부에 더욱 매진하려고 한다. 부동산으로 한바탕 전쟁을 치르고 있는 요즘 시기를 지나면 우리나라에 어떤 변화가 올지, 어떤 대응이 필요한지, 이론이 아닌 현장의 소리에 더욱 귀를 기울이고 싶다. 부동산 시장이 아무리 급변해도 변하지 않는 것, 아니 변해서는 안 되는 것들이 있다. 한결같이 노력하면 원하는 것을 얻을 수 있다는 믿음, 변화하는 시장을 읽는 자신만의 노하우, 어떤 시장에서도 흔들림 없이 지켜야 하는 부동산 철학 등이다.

부족한 능력이지만 누군가의 말처럼 1만 시간 동안 끊임없이 노력한다면 원하는 바를 성취할 수 있을 것이라 믿는다. 이런 나를 보며 아내는 또 공부냐고 볼멘소리를 하겠지만 은근슬쩍 많은 도움을 줄 거라 믿어 의심치 않는다.

4.
누구나 회사를 떠난다

　세상이 급변하고 있다. 종신 고용제는 옛말이 된 지 오래고 갈수록 조기 퇴직 압박은 커지고 있다. 지난 50년간보다 앞으로의 5년이 더 많이 변할 것이다. 이는 미래학자가 아니라도 누구나 체감할 수 있다. 한때 56세까지 직장에 남아 있으면 도둑이라는 '오륙도', 45세가 되면 정년퇴직을 각오해야 한다는 '사오정'이라는 말이 유행했었다. 이제는 38세가 정년이라며 '삼팔선'이라는 자조 섞인 신조어까지 떠돈다. 상황이 이러니 40대 직장인이 실업 공포에 떠는 건 당연한 일이다.

　이런 때일수록 정신을 바짝 차려야 한다. 직장에서 밀려나면 가정에서도 밀려난다. 배우자는 물론이고 요즘은 자녀들도 무능한 가장, 무능한 아빠를 외면한다. 아무리 둘러봐도 설 곳이 없고 반겨 줄 사람은 더더욱 없다. 슬프지만 엄연한 현실이다. 어느새 시대의 화두는 성공이 아니라 생존 그 자체가 되었다.

게다가 '이태백(20대의 태반이 백수)'이라는 말이 생겨날 만큼 청년 실업률 또한 높다. 아예 취업을 포기하는 사람도 점점 증가하는 추세다. 40대 중년의 상황은 더 안타깝다. 우리나라 40대 남성 사망률은 세계 1위다. 이런 상황에서 무방비로 살다가 남편이 삐끗하면 가정 경제마저 파탄에 이를 수 있다.

물가도 계속해서 오른다. 오르지 않는 건 남편 월급과 아이들 성적뿐이라는 우스갯소리가 나올 정도다. 돈 들어갈 곳은 많은데 월급은 그대로니, 누구에게 의지해야 할지 참으로 암담한 현실이다. 정리해고 통지를 문자로 받고 하루아침에 책상이 치워지는 예측 불허의 세상이다. 직장인들은 그 어느 때도 겪어 보지 못한 생존 경쟁에 내몰려 있다.

이런 때일수록 차가운 머리로 현실을 직시해야 한다. 모두가 어려운 세상, 내가 어렵다고 해서 선뜻 도와줄 사람은 많지 않다. 내가 어려우면 주변 사람들도 외면한다. 친구나 직장 동료, 모두 쉽지 않다. 이 험난한 세상에 그들도 대부분 먹고살기에 급급하다. 믿을 것은 오직 자신밖에 없다.

요즘은 대학을 나와 번듯한 직장에 취업을 해도 40대

후반이면 퇴직할 각오를 해야 한다. 그 나이에 직장에서 잘 리면 어디서 받아 줄까? 받아 준다고 한들 무슨 일을 할 수 있을까? 여러모로 서글픈 직장인의 현실이다.

직장인이 꼭 알아야 할 퇴직연금

그나마 다행인 점은 직장인들에게 퇴직연금이 있다는 사실이다. 퇴직 직전 소득의 20~30% 정도만 보장해 주는 국민연금만으로는 100세 시대에 노후 보장이 어렵다. 편안한 노후를 위해서는 퇴직연금이나 개인연금이 추가로 필요하다. 이 중에서 직장인에게는 퇴직연금이 더 중요하다.

퇴직연금은 근로자의 노후 대비를 지원하기 위해 2005년에 도입되었다. 과거의 일시불 퇴직금 제도를 개선해 연금으로 다달이 수령할 수 있도록 만들었다. 물론 본인이 원하면 한꺼번에 목돈으로 받을 수도 있다.

근로자가 자신이 근무한 기업에서 퇴직연금을 받으려면 '연금 가입 기간이 10년 이상'이고 '나이가 55세 이상'이어야 한다. 퇴직연금은 크게 확정급여형(DB형)과 확정기여형(DC형)으로 나뉜다. 확정급여형은 근로자가 연금에 가입한 연수와 퇴직 당시의 월급 수준에 따라 퇴직급여액이 결정되는 방식이다. 즉, 퇴직 당시 근로자의 한 달 치 월급에 근속 연수를 곱한 금액이 퇴직연금 총액이다. 이는 종전의 퇴직금 제도와 거의 비슷하다.

A라는 근로자가 B라는 기업에 입사하여 확정급여형 연금에 가입한 다음 20년을 근속하고 퇴직했을 경우를 가정해 보자. 퇴직 당시 A의 평균 월급이 500만 원이라면 퇴직일시금은 1억 원(500만 원 × 20년)이다. 이를 다달이 나눠 받거나 일시금으로 받는 상품이 확정급여형 연금이다.

확정기여형은 기업이 매년 임금 총액의 12분의 1 이상을 근로자 개인 계좌에 납입해 주면 근로자가 직접 운용하다가 퇴직 후에 찾아가는 방식이다. 적립금을 본인의 투자 전략에 따라 주식형 펀드나 채권형 펀드에 투자할 수도 있고, 은행 예금 같은 원리금 보장형 상품에 가입할 수도 있다. 따라서 적립금 운용 결과에 따라 나중에 받는 연금액에 상당한 차이가 발생한다. 투자를 잘하면 많은 연금을 받을 수 있지만, 잘못하면 원금보다 적을 수도 있다. 그래서 확정기여형 퇴직연금을 선택했다면 자산 운용에 세심한 신경을 써야 한다.

확정급여형과 확정기여형 모두 장단점이 있기 때문에 무엇이 더 좋다고 단언하기는 힘들다. 다만 우리나라보다 앞서 퇴직연금제도를 도입한 선진국에선 확정기여형 연금

가입자가 더 많다는 점을 참고할 필요가 있다. 지난 30년 동안 세계 주식시장은 우여곡절이 많았지만 대체로 지속적인 상승세를 보였다. 그 결과 연금 수령액이 임금 인상률에 연동되는 확정급여형보다 증시 흐름에 연동되는 확정기여형의 수령액이 많았다.

확정기여형은 확정급여형에 비해 분명 리스크가 크다. 하지만 뒤에 설명할 주식투자와 관련된 3가지 원칙(여유 자금, 분산 투자, 장기 투자)만 잘 지킨다면 특별한 경우를 제외하고는 확정급여형보다 많은 적립금을 모을 수 있다. 이때 채권이나 예금 같은 안전자산에 일부(30~40%)를 넣고, 나머지는 주식형 펀드처럼 고수익을 지향하는 실적배당형 상품(60~70%)에 투자할 것을 추천한다.

그래도 불안하다면 TDF(타깃 데이트 펀드)에 투자하는 방법도 좋다. TDF는 예상 은퇴 시점(타깃 데이트)에 맞춰 자동으로 주식과 채권의 비중을 조절하고 여러 자산에 분산 투자하는 구조로 운용되기 때문이다.

무엇보다 중요한 점은 자신만의 투자 원칙을 가지고 자산을 운용하는 것이다. 주변의 말에 일희일비하지 않고 스스로의 원칙을 지키기 위해서는 꾸준한 경제 공부가 필요하다는 사실을 기억하자. 그리고 실천하자.

남자의 일생은?

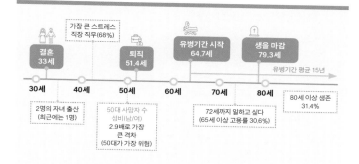

결혼
33세

가장 큰 스트레스
직장 직무(68%)

퇴직
51.4세

유병기간 시작
64.7세

생을 마감
79.3세

유병기간 평균 15년

30세　40세　50세　60세　70세　80세

2명의 자녀 출산
(최근에는 1명)

50대 사망자 수
성비(남/여)
2.9배로 가장
큰 격차
(50대가 가장 위험)

72세까지 일하고 싶다
(65세 이상 고용률 30.6%)

80세 이상 생존
31.4%

※ 2018, 5월 고령층 경제활동인구조사, 사망 원인 2017, 생명표 2017, 통계청

여자의 일생은?

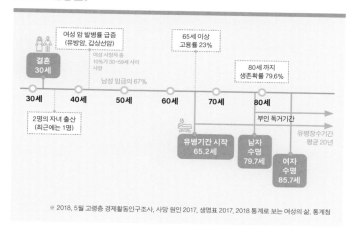

결혼
30세

여성 암 발병률 급증
(유방암, 갑상선암)

여성 사망자 중
10%가 30~59세 사이
사망

남성 임금의 67%

65세 이상
고용률 23%

80세 까지
생존확률 79.6%

30세　40세　50세　60세　70세　80세

2명의 자녀 출산
(최근에는 1명)

부인 독거기간

유병기간 시작
65.2세

남자
수명
79.7세

여자
수명
85.7세

유병장수기간
평균 20년

※ 2018, 5월 고령층 경제활동인구조사, 사망 원인 2017, 생명표 2017, 2018 통계로 보는 여성의 삶, 통계청

5.
'어제의 나'와 비교하자

남과 자신을 비교하는 것만큼 어리석은 일이 또 있을까? 때로는 건강한 경쟁이 되기도 하지만 부작용이 훨씬 더 많다. 대부분 자신의 단점과 타인의 장점을 비교하기 때문이다. 지방대를 나온 사람은 명문대 출신과 학벌을 비교하고, 소극적인 사람은 적극적이고 모든 일에 쾌활한 사람과 성격을 비교한다. 분명 자신에게도 비교 대상보다 뛰어난 점이 있는데 굳이 도저히 이길 수 없는 경쟁에 뛰어드는 셈이다.

이제부터 이런 쓸데없는 비교를 그만두고 오로지 '지금까지의 나'와만 비교하자. 바로 자신의 최고 기록 갱신에 도전하는 것이다. 열심히 노력해 자신의 최고 기록을 갈아치웠다면 스스로를 칭찬하자. 기록이 다른 사람에 미치지 못하더라도 전혀 상관없다. 스스로의 삶을 개척하고 있다면 타인의 기록은 신경 쓸 필요가 없기 때문이다.

자신만의 페이스를 유지하면 된다. 어차피 인생은 마라톤과 같다. 승진이 조금 앞서거나 뒤처지는 건 크게 중요하지 않다. 남보다 빨리 승진하면 뭐 하나? 어차피 40대 후반에 직장을 떠나는 건 비슷할 텐데. 이제는 다른 사람과 비교하지 말고 자기 주도적 삶을 살아야 한다.

100달러 지폐 속 초상화의 주인공인 벤저민 프랭클린 Benjamin Franklin은 자신의 성격이나 인격의 부족한 점을 목록으로 만들었다고 한다. 자신의 약점을 파악한 후 고쳐 나가기 위해서였다. 그는 매일 밤 잠들기 전에 하루를 점검하고 반성했다. "오늘 나는 무엇을 했는가?", "무엇을 하지 못했는가?", "하기로 한 일을 하지 못한 이유는 무엇인가?", "타인에게 상처를 입히는 말을 하지는 않았는가?" 그리고 다음 날은 똑같은 실수를 반복하지 않도록 노력했다. 날마다 조금씩 더 나은 사람이 되고자 한 것이다.

이런 '자기 점검표'는 인생을 살아가는 데 대단히 중요하다. 목표를 세우고 하루를 돌아보면 자기 신뢰를 높일 수 있다. 매일 좋아지고 있다는 믿음은 다른 일도 해낼 수 있다는 확신으로 이어진다. 스스로를 신뢰하는 사람은 풍기는 기운부터 다르다. 표정에는 자신감이 넘치고 걸음걸이는 당당하다. 자기 확신이 있으니 결단력이 강하고 남 탓도 하지 않는다.

날마다 조금씩 발전하는 삶을 살아야 한다. 낙숫물이 댓돌을 뚫듯이 작은 일도 매일 반복하면 아주 큰일을 이룰 수 있다. 대다수 사람들은 비범하지 않기에 아주 작은 목표, 즉 어제보다 조금이라도 나은 오늘을 위해 노력하면 된다. '오늘의 나'는 다른 사람이 아니라 '어제의 나'와 비교해야 한다.

매일 발전하는 것만큼이나 목표를 어디에 두는가도 중요하다. 목표에 따라 노력의 방향이 달라지기 때문이다. 예를 들어 직장인 C의 목표는 임원 승진과 고액 연봉이다. 반면 같은 회사에서 일하는 D는 자기 분야에서 누구나 인정하는 전문가가 되고자 한다. 두 사람은 목표에 따라 다른 길을 걷는다. C는 회사 내부의 경쟁자를 이기는 데 집중한다. 혹시라도 경쟁에서 밀리면 자신을 임원으로 승진시켜 줄 다른 회사를 찾는다. 반면에 D는 스스로에게 집중한다. 경쟁에 이기기 위해서가 아니라 해당 분야의 전문가가 되기 위해 일하고 공부한다. 자신의 경험과 커리어를 위해서라면 새로운 기회를 찾아 도전하기도 한다.

C는 임원이 되기 위해 필요한 것이 아니면 배움이나

성장에 큰 관심이 없다. D는 자신의 전문성을 키워 줄 교육이나 프로젝트에 큰 관심을 갖고 투자도 한다. C가 임원이 된다 해도 직장에 다닐 수 있는 시간이 무한정 길어지지는 않는다. 오히려 임원이 되지 못하면 직장을 떠나야 하기 때문에 더욱 짧아질 수도 있다. 하지만 D의 목표는 회사를 떠나도 멈추지 않고 꾸준히 이어질 수 있다.

C와 D 중 누가 옳고 그른지 섣불리 판단할 수 없다. 하고 싶은 일, 잘하는 일, 즐겁고 행복한 일 등 사람마다 기준이 모두 다르기 때문이다. 판단은 각자의 몫이다. 다만 어떤 경우에도 자신의 삶을 사는 것이 중요하다.

"나는 날마다 모든 면에서 더 나아지고 있다."

책상에 적혀 있는 에밀 쿠에Emile Coué의 말을 오늘도 곱씹어 본다.

금수저 친구가 타일공이 된 까닭은?

제일 친한 친구 중에 소위 말하는 '금수저'가 있다. 그런 그가 어느 날 타일공 일을 배우겠다고 했다. 주변 사람들은 '그냥 있는 재산만으로도 평생 먹고살 수 있는데, 왜?' 하며 모두 의아해했다. 더욱이 일본과 프랑스 유학까지 다녀온 인재가 왜 그런 마음을 먹었는지 이해하기 어려웠다.

그런데 그의 말로는 요즘 20~30대 직장인 중에 도배나 타일 일을 배우겠다고 학원을 찾는 사람이 적지 않다고 한다. 기술만 있으면 해고 걱정 없이 일할 수 있는 평생 직업이다 보니 수강생의 절반 정도가 20~30대 직장인이란다. 이들은 주중에 출근하고 주말엔 학원에서 하루 8시간씩 수업을 듣는다. 기술을 배워 놓으면 은퇴 후 생계에도 도움이 되고 외국으로의 이민도 수월해진다.

자료를 찾아보니 실제 관련 자격증을 따는 사람이 증가하는 추세다. 한국산업인력공단에 따르면 2017년 건축 도장기능사 시험에 응시한 20~30대가 5년 전보다 4.5배나 늘었다. 같은 기간 타일기능사 응시자도 20~30대 비중이 대폭 증가했다.

현재 타일공은 숙련자 기준 일당 25만 원, 한 달 평균 500만 원 정도를 번다고 한다. 집 꾸미기 열풍 등으로 기술자를 찾는 사람은 느는데 숙련공은 적어 인건비가 점점 올라가는 추세다. 하지만 제대로 기술을 익히려면 자격증 취득 후에도 1~2년은 현장을 따라다니며 배워야 한다. 이 과정에서 못 견디고 그만두는 사람도 많다.

불황 시대의 트렌드라고는 하지만 친구의 결정은 쉬운 일이 아니었을 것이다. 편하게 살 수 있지만 평생 할 수 있는 일을 찾기 위해 체면이나 형식을 떨쳐 버릴 수 있다니, 친구지만 존경스럽다. 더욱이 스스로 일을 해서 먹고살고, 부모에게 받은 재산은 그대로 자녀들에게 물려주겠다고 말한다. 나라면 그렇게 할 수 있을까? 여러분이라면 어떨까? 친구의 사고와 의지를 본받고 싶다. 뒤집어 생각해 보면, 평생 할 수 있는 일이 넉넉한 재산보다 더 중요하다는 생각이 든다.

물은 100℃에서 끓는다

나는 항구 도시 부산에서도 '영도'라는 섬 출신이지만 배나 요트에는 별로 관심이 없었다. 그러다 우연히 요트 사업을 하는 지인의 배를 타 본 적이 있다. 수영만 요트 경기장에 정박되어 있는 럭셔리 요트였다. 그동안 이곳을 지나치며 요트를 볼 때는 별 감흥이 없었는데 막상 선체에 오르니 심장이 쿵쾅거렸다. 하지만 그때까지도 이 순간이 은퇴 후 삶에 영향을 미칠 거라고는 전혀 생각하지 못했다.

그 후 여러 차례 승선할 기회가 생겼다. 요트를 타고 바다 낚시를 해 보기도 했다. 주변 낚싯배에 있던 사람들이 낚시보다 우리가 탄 요트에 더 집중하던 모습이 아직 눈에 선하다. 그러다 보니 나도 모르는 사이 점점 요트의 매력에 빠져들었고, '레포츠의 끝판왕이자 최고봉은 요트'라는 항간의 말이 이해되기 시작했다.

똑같은 경험이지만 누구는 추억으로 간직하고, 누구는 좋아하는 일로 소득을 창출할 수 있는 방법을 고민한다. 나는 후자에 속하기로 했다. 즉시 생각을 행동으로 옮겼고, 제일 먼저 '요트 조종 면허증'에 도전했다. 자동차 운전면허처럼 필기와 실기를 모두 합격해야 했는데, 휴가나 퇴근 후 시간을 활용해 1달 만에 1종 면허증을 취득할 수 있었다.

지금은 요트 매매와 투어 관련 시스템을 배우는 중이다. 요트를 어떻게 사고파는지, 요트 투어를 진행하려면 무엇이 필요한지 등을 지인에게 전수받고 있다. 그러면서 구체적인 사업 아이템도 구상하고 있다. 일단 친구 3명과 작은 요트를 구입해 취미 생활을 즐기다가 일정 수준 이상의 운행 및 정비 기술을 축적하면 공동 주주가 되어 요트 관련 회사를 설립하려 한다.

이 또한 퇴직 후 계획에 포함시켜 착착 진행 중이다. 친구와 지인들도 요트 조종 면허증을 취득했고 회사 동료들에게도 권하고 있다. 그런데 아무리 주변에 추천해도 실행에 옮기는 사람은 많지 않다. 물론 5명에게 이야기하면 1명은 행동하니 적은 편은 아니다. 듣고 마는 사람과 행동으로 옮기는 사람. 이 작은 차이가 5년 후, 또는 10년 후에 아주 큰 결과의 차이를 만들 것이다.

똑같은 것을 보더라도 다르게 움직이는 실행력이 결정적인 차이를 만든다. 언뜻 사소해 보이는 차이가 사실은 전부를 좌우한다. 국제 언론인 리즈 칸Riz Khan이 쓴 『알 왈리드, 물은 100도씨에서 끓는다』에는 이런 구절이 나온다.

"지금 여러분의 열정과 꿈의 온도는 몇 도입니까? 100도에 도달할 때 불가능은 가능이 됩니다. 99도에 머무르느냐, 100도에 도달하느냐, 단 1도의 차이가 성공과 실패를 결정합니다."

6.
무등산 수박이 되자

혹시 무등산 수박을 아는가? 늦여름 마트에 가면 호박처럼 길쭉한 모양에 보통 수박보다 배는 더 큰 과일이 있다. 바로 무등산 수박이다. 13세기경 몽골에서 들여와 키우기 시작한 품종으로, 처음에는 개성 지방에서 재배하다 무등산으로 옮겨 왔단다. 조선 시대 광주 지역을 대표하는 진상품으로 오늘날에도 귀한 과실로 대접받고 있다. 무등산 이외의 지역에서는 전혀 생산되지 않는데, 그곳에서도 경작 조건이 맞는 장소를 찾기가 매우 어렵다고 한다. 하지만 더 어렵고 까다로운 점은 재배 방법이다.

우선 해발 300m 이상의 산기슭에 통기성이 좋은 사질양토의 경사지가 있어야 한다. 여기에 지름 1m, 깊이 1.2m 이상을 파내고 수박을 심는다. 화학 비료 대신 퇴비나 유기질 비료만을 사용하는데 인삼 재배와 마찬가지로 한 번 경작한 땅은 최소 3년은 쉬어야 지력이 회복된다고 한다. 심지어 수확철이 가까워지면 농부와 가족들은 상갓집에 가지 않고, 상중인 사람도 절대로 들어오지 못하게 한단다. 이렇게 지극정성으로 키운 덕분에 일반 수박보다 향이 진하고 과육이 단단하며 맛 또한 월등하다. 그렇다면 가격은? 일반 수박의 10배 정도! 언뜻 고만고만해 보이는 과일도 들이는 정성에 따라 가치가 천양지차로 달라진다.

그렇다면 직장인의 자기계발은 어떤가? 무등산 수박만큼 많은 시간을 할애하고 철저한 시스템으로 준비하고 있는가? 만약 '예'라고 답할 수 있는 사람은 무등산 수박에 버금가는 부가가치를 창출할 수 있을 것이다. 하지만 아쉽게도 대부분은 그렇지 않다. 성공을 원하지만 무엇을 어떻게 시작해야 하는지도 잘 모른다. 시간 관리도 시스템도 찾아보기 힘들다. 마치 좌표 없이 표류하는 배처럼 효과 없이 그저 분주할 뿐이다. 지나간 시간은 다시 잡을 수 없다. 하지만 대부분 '시간은 또 온다'는 착각에 빠져 있다. 오늘 주어진 시간은 오늘만 존재할 뿐이다. 내일은 내일의 시간일 뿐, 여러분이 허비한 오늘의 시간이 아니다.

시간 관리를 제대로 하려면 아침과 점심, 주말 같은 자투리 시간을 활용하는 것이 좋다. 에디슨은 시간이 없다는 핑계야말로 가장 어리석은 변명이라고 했다. 모두에게 주어지는 시간은 같다. 하지만 어떻게 활용하느냐에 따라 체감시간은 얼마든지 달라질 수 있다. 자신의 삶에 주도적인 사람은 시간을 팽창시켜 밀고 나간다. 그래야만 자신의 경쟁력을 높일 수 있다.

자신의 부가가치를 높이려면 시간 관리를 통한 지속적인 자기계발이 필요하다. 나아가 체계적으로 시스템화해야한다. 시스템이란 스스로를 관리하기 위해 정한 자신과의약속이다. 철저히 이행할수록 시스템은 원활하게 작동한다. 무등산 수박이 되는 가장 좋은 방법은 자신만의 선순환 시스템을 만드는 것이다.

건강보험료를 추가로 내는 직장인들

국민건강보험 직장가입자는 보통 자신의 근로소득에 정해진 보험료율(2019년 6.46%)을 곱해서 산출한 금액을 건강보험료로 낸다. 이를 '보수 월액 보험료'라 하며 회사와 본인이 절반씩 부담한다. 하지만 직장인이더라도 월급 이외에 고액의 이자소득, 배당소득, 사업소득 등이 있다면 '소득 월액 보험료'를 추가로 내야 한다.

건강보험공단은 건강보험법에 근거해 2011년부터 월

급 이외에 이자소득, 배당소득, 사업소득 등을 합산한 종합과세소득으로 연간 3,400만 원 이상을 버는 직장가입자에게 소득 확정 이후 별도의 건강보험료를 부과하고 있다. 당초 건강보험공단은 월급 이외의 종합과세소득이 연간 7,200만 원을 초과해야만 소득 월액 보험료를 추가로 부과했으나, 건강보험료 부과체계 1단계 개편(2018년 7월~2022년 6월) 이후 기준을 연간 3,400만 원으로 낮췄다.

국민건강보험공단에 따르면 2018년 12월 말 기준으로 급여 외 소득에 따라 월액 보험료가 부과되는 직장인이 총 17만 9,736명으로 집계되었다. 이는 전체 건강보험 직장가입자 1,685만 6,396명의 1.06%에 해당한다. 전체 직장인의 1% 남짓은 월급 외에도 해마다 3,400만 원 이상을 더 번다는 뜻이다. 이 중 최고액(상한액)인 월 310만 원 가량을 내는 직장인은 모두 3,808명이다.

18만 명에 가까운 직장인들이 급여 외에 연간 3,400만 원 이상의 소득을 얻고 있다. 이런 사실을 접하면 두 가지 반응이 나온다. 한 부류는 '그들은 나와 출발선부터 다른 사람이야'라고 생각하며 세상을 한탄한다. 다른 한 부류는 그들의 소득 창출 방법을 알아보고 따라 하려 노력한다.

'사행습인운思行習人運'이라는 말이 있다. 생각을 바꾸면 행동이 바뀌고, 행동을 바꾸면 습관이 바뀌고, 습관을 바꾸면 인격이 바뀌고, 인격을 바꾸면 운명이 바뀐다는 뜻이다. 결국 생각을 바꾸면 운명까지 바꿀 수도 있다. 다르게 먹은 마음 하나가 인생에 나비 효과를 불러일으키는 셈이다. '소득 월액 보험료'를 내는 직장인을 보면 여러분은 어떤 생각이 드는지 묻고 싶다.

여러 직함을 가져 보자

최근 밀레니얼 세대를 중심으로 두 개 이상의 직업을 가진 사람을 'N잡러'라고 부른다. N잡러는 다른 말로 멀티잡multi-job이라 할 수도 있다. 이는 기존의 생계 유지형 투잡two-Job과는 차이가 있다. N잡러는 보통 개인의 자아실현을 위해 여러 직업을 갖기 때문이다. 생계를 위해 직장에 다니면서도 자신의 커리어를 확장할 수 있는 크리에이터로 활동하거나 번역, 강연을 하는 등 다양한 직업을 병행한다. 이처럼 경험을 쌓으며 탐색해 보다가 기회가 되면 다니던 직장을 그만두고 전업을 한다. 바야흐로 인생 이모작을 넘어 '인생 다모작 시대'다. 한두 가지 일만 하기에는 예전보다 수명이 길어졌고 선택의 폭 또한 넓어졌다.

이런 흐름에도 여전히 많은 사람이 '직장에 충실하고

한눈팔지 않는 삶'을 미덕으로 삼는다. 하지만 변화의 시대를 살아가는 21세기 직장인에게는 더 이상 맞지 않는 가치다. 오로지 한길만 걸어가다가 어느 날 정년이 되거나 조기 퇴직이라도 하면 그제야 후회할 테니까 말이다. 지금 직장에 몸담고 있는 사람은 하루라도 빨리 자신의 능력을 발휘해 볼 수 있는 다른 일을 찾아봐야 한다. 요즘은 정년퇴직이 극히 드물다. 조기 퇴직 후에는 새로운 일을 탐색하기 어렵다. 시간도 자금도 부족하기 때문이다. 그러니 비교적 금전 부담이 적은 취업 기간을 이용해 새로운 직업을 찾아봐야 한다.

그러려면 당연히 남들보다 더 부지런히 공부하고 부단히 노력해야 한다. 하지만 막연한 외국어 공부나 자격증 취득에만 머물러선 안 된다. 노력은 새로운 일이나 직업으로 연결되어야 한다. '외국어를 공부하고 자격증을 취득하다 보면 새로운 길이 생기겠지' 하는 생각에 그치지 말고 새로운 직업을 목표로 정하고 그에 필요한 공부에 매진해야 한다. 이제 인생은 이모작을 넘어 다모작 시대로, 아니 멀티잡의 시대로 가고 있기 때문이다.

나 역시 지금 하는 일이 다양하다. 직장을 다니면서 강의도 하고 책도 쓴다. 근로소득 이외에 임대소득, 배당소득,

기타소득 등 다양한 소득 시스템을 갖추어 가고 있다. 여기에 그치지 않고 끊임없이 준비하고 도전하면서 다양한 일을 경험하려 한다. 그래서 학회나 포럼에 참석하며 다양한 경력도 쌓고 있다. 퇴직 후에는 매일 새로운 직업으로 생활해 보려 한다.

『열정은 쓰레기다』의 저자 스콧 애덤스Scott Adams는 "성공하기 위해서는 2가지 이상의 분야에서 상위 25% 안에 들어야 한다."라고 주장한다. 『다동력』의 저자인 호리에 Horie Takafumi는 한 걸음 더 나아가 한 사람이 적어도 3개의 직함을 가져야 한다고 말한다. 그는 여러 직함을 가진 사람이 성공할 수 있는 이유로 2가지를 든다. 첫째, 다양한 경험을 통해 새로운 가능성을 발견할 수 있다. 둘째, 여러 가지를 동시에 하는 것 자체가 희소성을 창출한다. 우리 같은 직장인은 이를 다시 한번 되새길 필요가 있다.

그렇다고 회사 일을 소홀히 하거나 업무 시간에 개인적인 일을 하라는 말은 아니다. 오히려 업무 시간에 더욱 집중해야 한다. 그래야 마음 편히 퇴근 후나 주말을 활용해 또 다른 명함을 준비할 수 있기 때문이다.

나이가 들어 일이 없어지면 젊은 시절의 화려함은 일장춘몽에 불과하다. 세상에서 자신의 존재 가치를 지속적으로 확인하려는 건 사람의 본능이다. 자신이 의미 있는 삶을 살아가고 있을 때 비로소 행복감을 느낀다. 그 의미는 자신이 하고 있는 일을 통해서 확인된다. 일 없이 살아간다는 것은 존재 가치 없이 무의미하게 살아가는 것과 같다. 늘 쉬는 사람에게는 휴식이 가장 힘든 일이다. 그러니 자신의 평생 친구가 될 수 있는 일을 찾아야 한다. 준비된 직장인은 이미 그런 일을 가지고 있는 사람이다. 더 늦기 전에 찾아야 한다.

7.
미움 받을 용기가 주는 교훈

2015년 서점가를 뒤흔든 초대형 베스트셀러 『미움 받을 용기』는 나에게도 큰 울림을 주었다. 무엇보다 다른 사람의 기대를 만족시키기 위해 너무 신경 쓰지 말자는 내용이 와닿았다. 부모를 비롯한 가족, 상사나 동료 등의 인정을 받기 위한 노력이 지나쳐 자신의 자유를 빼앗는 경우가 종종 있다. 특히 우리 사회처럼 서로가 촘촘하게 연결된 곳에서는 더욱 그렇다. 가능하면 적을 만들지 않고 모든 사람에게 칭찬받으려고 노력하는 경향이 강하다.

하지만 스스로 최선을 다했다면 주위 시선은 크게 신경 쓸 필요가 없지 않을까? 나도 예전에는 남에게 보이는 모습에 굉장히 민감한 타입이었다. 하지만 다양한 분야의 사람을 만나고 여러 책을 읽으면서 조금씩 변하기 시작했다. 과거에는 타인이 내 말과 행동을 어떻게 생각할지를 먼저 신경 썼지만, 이제는 내가 관여하거나 통제할 수 없는 부분이라고 여긴다. 사실 사람들은 대부분 다른 이에게 큰 관심이 없다. 나에게 가장 관심 있는 사람은 나뿐이다. 모든 사람에게 좋은 평가를 받을 필요가 없다고 생각하는 순간 마음의 평화가 찾아왔다.

직장 생활에도 똑같이 적용할 수 있다. 동기뿐 아니라 직장 상사에게도 미움 받을 용기를 내 보면 어떨까? 반드시 미움을 받으라는 말이 아니다. 사소한 미움쯤은 각오하고 원하는 대로 행동하라는 뜻이다. 그랬다가는 회사에서 쫓겨나지 않을까 걱정할 수도 있다. 하지만 이는 너무 양극단만 가정한 것이다. 모든 상황을 미움받음과 미움받지 않음으로 말이다. 실제로 직장 상사는 별생각 없이 넘어가는 경우가 훨씬 더 많을지도 모른다.

무엇이든 지나치면 바람직하지 않다. 친절도 지나치면 우리를 배반한다. 지나친 배려 역시 삶에 부작용을 일으킨다. 이전보다 좀 더 쿨하게 살면 새롭게 다가오는 기회를 종종 맞이할 수 있을 것이다. 어제보다 오늘은 좀 더 쿨하게 마음속 진실을 전달하기 바란다. 타인보다는 자신에게 더 좋은 사람이 되도록 인생을 살아 보면 어떨까? 요즘 같은 시기에 가슴속에 새겨 볼 만한 말이다. Stay Cool!

고인 물은 썩는다

"너무 일과 자기계발에만 집착하지 말고 적당히 휴식도 취하고 즐기면서 살아라."

회사 생활을 하면서 비슷한 말을 참 많이 들었다. 무리하지 말고 현재에 만족하며 편히 살라는 충고다. 누구나 이런 말을 들으면 '맞아, 인생 뭐 별거 있나?' 하며 마음이 편해지기도 한다. 하지만 여기에 넘어가면 안 된다. 틀린 말은 아니지만 시대가 변했다. 아니, 예전에는 맞았지만 지금은 틀리다. 예전에는 '적당히'가 통했지만 이제는 어림없다. 이렇게 말하는 이들은 자신만의 한계를 설정해 놓고 별 무리 없이 시간을 보낸다. 자기가 만든 범위에 스스로를 가두고 있는 셈이다.

지금 당장 주변을 둘러보자. 젊어서 적당히 살다가 나이 들어 별 볼 일 없이 시간을 보내는 사람을 어렵지 않게 찾아볼 수 있다. 그들처럼 되어도 괜찮다면 이런 말을 따라도 된다. 하지만 아니라면 지금 당장 그들의 조언에서 벗어나야 한다. 평균에 수렴하는 삶에서 벗어나 큰 꿈을 향해 나아가야 한다. 나 역시 회사 생활을 하면서 비슷한 경험을 많이 했다. 자격증 공부를 한다고 하면 주변에서 대부분 말렸다. 지금도 괜찮은데 뭐 하러 머리 아프고 힘들게 공부하느냐면서 말이다. 하지만 자격증을 공부하며 밤을 지샌 날들이 없었다면 지금처럼 시간 조절이 가능한 일을 맡지 못했을 것이다.

　박사 과정에 들어간다고 하자 또 많은 이들이 만류했다. "회사 일 잘하면 되는데 뭐 하러 피곤하게 학교를 다니려고 해?", "박사 논문 쓰기 쉽지 않다."라면서 말이다. 주위의 말을 따랐더라면 지금처럼 학생들 앞에서 신나게 강의를 하거나 뜨거운 마음으로 책을 쓰지는 못했을 것이다.

　똑같은 일을 두고도 누구는 어렵다고 하고 누구는 할 수 있다고 한다. 그중 일부는 바로 시작한다. 살면서 저지르는 최악의 실수는 아무것도 하지 않고 가만히 있으면서 결과가 좋아지기를 기다리는 것이다. 안정과 편안함을 추구하는 사람은 결코 앞으로 나아갈 수 없다. 두려움을 극복하고 새롭게 도전하는 사람만이 목표를 이룰 수 있다. 타인의 시선에 비치는 성공보다 자신이 원하는 길을 걷다가 얻는 실패가 더 가치 있는 경험일 수 있다.

　"고인 물은 썩는다."라는 속담이 있다. 당장은 아니더라도 물이 고이면 결국 썩는다. 여러분은 변화와 성장을 위해 노력하고 있는가? 자신의 변화와 성장을 위해 노력하지 않는다면 그것이 바로 '고인 물'이다. 고인 물은 결국 썩듯이 가까운 미래에 사회와 조직에서 뒤처지거나 도태될 것이다.

　30~40대에 제2, 제3의 직업을 준비하지 않는다면, 직장인으로서 안주한 채 자신을 계발하고 발전시키지 않는다면 노년기에는 경제적 부담을 안고 살아야 한다. 저축이나 연금이 있더라도 마찬가지다. 저축에는 한계가 있고 연금도 노후를 완전히 보장해 주지는 않는다. 개인 사업을 하고 있다 한들 시대에 맞춰 계속 변화하지 않으면 망하는 게 현실이다. 삶에 안주해 고여 있다면 언젠가는 썩게 될 것이다. 고인 물이 되지 않기 위해서는 끊임없이 흘러야 한다. 흐르는 물은 썩지 않는다. 오히려 맑아지고 더 넓은 곳에 닿을 수 있다.

Tip. 퇴근 후 자기계발에 집중하기 위한 5가지 노하우

회사에 다니고 있더라도 미래에 대한 걱정은 수시로 밀려오기 마련이다. 뭐라도 해야겠다는 생각에 다양한 시도를 하지만 막상 퇴근 후 집에 돌아오면 별로 하는 일 없이 하루를 마무리한다. 어쩌다 책상에 앉아 책을 펼쳐도 머릿속에 잘 들어오지 않는다. 멍하니 앉아 오늘 일을 생각하거나 스마트폰을 만지작거리며 시간을 보내기 십상이다.

변화 없는 일상에서 자기계발에 집중하려면 어떻게 해야 할까? 내가 실행하고 있는 5가지 노하우를 소개한다.

첫째, 목표를 명확히 하고 구체적인 계획을 세운다. 목표를 명확히 하면 자신을 둘러싼 모든 에너지를 집중시킬 수 있다. 그러면 생활 환경이 변하고, 심지어 인간관계까지도 목표에 따라 최적화됨을 느낄 수 있다. 여기에 구체적인 계획이 수반된다면 강력한 실행 동력까지 생긴다. 이 과정에서 깨어난 열정은 지치지 않고 달릴 수 있도록 이끌어 줄 것이다.

둘째, 회사에서는 일에만 몰두한다. 퇴근 후 자기계발에 올인하려면 업무 시간에는 그야말로 일에만 집중해야 한다. 특히 동료와의 잡담이나 스마트폰 사용 등은 최소화한다. 스스로 '업무 집중 시간'을 정하고 조금씩 늘려 가는 방법도 좋다. 꼭 기억하자. 직장 생활이 흔들리면 자기계발 또한 잘되기 힘들다. 직장 생활과 자기계발, 두 마리 토끼를 다 잡아야 퇴직 이후를 제대로 준비할 수 있다.

셋째, 퇴근 후에는 회사 일을 잊는다. 퇴근을 기준으로 업무와 사생활이 확실히 구분되어야 한다. 회사에서의 생각과 마음을 그대로 집으로 가져오는 습관을 단호히 끊어야 자기계발이 가능하다. 스스로 의지가 부족하다면 연결 고리를 끊을 수 있는 자신만의 의식을 만들어도 좋다. 예컨대 요즘 유행하는 '부캐(부캐릭터)'를 만들어 보는 방법도 생각해 볼 수 있다. 나는 최근 부동산 공부에 한창 빠져 있는데, 온라인에서 부동산 관련 활동을 할 때는 '후니'라는 부캐를 사용한다. 그러면 직장의 나와는 다른 내가 되어 자기계발에 더 집중할 수 있다.

넷째, 재미를 찾는다. 자기계발을 하다 보면 흥미가 없는 일을 억지로 할 때도 있다. '그래도 이 정도는 해야 하지 않을까?' 하면서 말이다. 하지만 이러면 쉽게 싫증이 나기 때문에 지속하기 어렵다. 그럴 때는 포기하는 대신 작더라도 재미있는 부분을 찾는다. 잘 찾아보면 즐거움을 느낄 만한 요소를 발견할 수 있을 것이다. 쉬운 일은 아니지만 누구나 가능한 일이기도 하다.

다섯째, 함께할 동료를 만든다. 개인적으로 가장 중요하게 생각하는 항목이다. 함께할 동료가 있으면 목표를 향해 꾸준히 나아갈 수 있기 때문이다. 자기계발과 관련된 목표를 달성하기 위한 가장 중요한 덕목이 바로 꾸준함이다. 동료는 꾸준함을 유지하는 강력한 장치가 되어 준다. 친구이면서 경쟁자이기도 한 동료와의 상호작용은 자기계발을 향해 나아가는 또 다른 즐거움이 되기도 한다. 그러니 무엇이든 혼자 하기보다는 관련 동호회나 카페에 가입하기를 권한다.

지금까지 살펴본 5가지 실행 노하우가 모두에게 적용되지는 않을 것이다. 그래도 중요한 힌트는 줄 수 있으리라 생각한다. 이를 토대로 자신만의 방법을 만들어 꼭 실행에 성공하길 바란다. 그러면 몸은 조금 피곤하지만 마음은 훨씬 든든하고 편한 생활을 할 수 있을 것이다.

2

나의 꿈,
나의 인생

별것 아닌 말에도 감정이 북받칠 때가 있다. 마음 안에 깊숙이 잠재되어 있던 응어리가 어떤 단어나 문장 하나에 바스러지며 밖으로 표출되기도 한다.

우리 사회는 감정을 잘 숨기는 것을 미덕으로 삼는 경향이 있다. 특히 남성이라면 자신의 힘든 감정은 내보이기 꺼려하면서도 타인이 힘든 감정을 보이면 공감하려고 한다. 그러다 보니 결국 내 감정에 타인의 감정까지 쌓여 더욱 힘들어진다. 때로는 감정의 퇴적물을 치우는 작업이 필요하다. 그리 어려울 건 없다. 마음에 쌓인 감정을 털어 내는 건 생판 모르는 사람의 한마디, 친구의 위로나 유행가 한 자락으로도 가능한 일이니까.

어느 날 우연히 별것 아닌 말이나 노래를 듣고 눈물이 난다면 잘 기억해 두기 바란다. 언젠가 여러분이 무너지려고 할 때 그것이 구원해 줄지도 모른다. 나에게도 그런 노래가 있다.

내가 가는 이 길이 어디로 가는지 어디로 날 데려가는지
그곳은 어딘지
알 수 없지만 알 수 없지만 알 수 없지만
오늘도 난 걸어가고 있네

사람들은 길이 다 정해져 있는지 아니면
자기가 자신의 길을 만들어 가는지
알 수 없지만 알 수 없지만 알 수 없지만
이렇게 또 걸어가고 있네

나는 왜 이 길에 서 있나
이게 정말 나의 길인가
이 길의 끝에서 내 꿈은 이뤄질까

무엇이 내게 정말 기쁨을 주는지 돈인지 명예인지 아니면
내가 사랑하는 사람들인지
알고 싶지만 알고 싶지만 알고 싶지만
아직도 답을 내릴 수 없네

자신 있게 나의 길이라고 말하고 싶고 그렇게 믿고
돌아보지 않고 후회도 하지 않고
걷고 싶지만 걷고 싶지만 걷고 싶지만
아직도 나는 자신이 없네

나는 왜 이 길에 서 있나
이게 정말 나의 길인가
이 길의 끝에서 내 꿈은 이뤄질까

나는 무엇을 꿈꾸는가
그건 누굴 위한 꿈일까
그 꿈을 이루면 난 웃을 수 있을까
지금 내가 어디로 어디로 가는 걸까
나는 무엇을 위해 살아야 살아야만 하는가

나는 왜 이 길에 서 있나(왜 이 길에)
이게 정말 나의 길인가(이게 정말 나의 길인가)
이 길의 끝에서 내 꿈은 이뤄질까(내 꿈은 이뤄질까)

나는 무엇을 꿈꾸는가(난 무엇을)
그건 누굴 위한 꿈일까(꾼 꿈인가)
그 꿈을 이루면 난 웃을 수 있을까

아마 누구나 한 번쯤은 들어 봤을 노래다. 최근에 아이유, 헨리 같은 가수들이 리메이크하기도 한 곡, god의 〈길〉이다. 원곡이 발표된 지 오래되었지만 여전히 많은 사람들에게 공감을 받는 이유는 좋은 멜로디와 더불어 마음을 울리는 가사 덕분이다. 특히 '이 길이 과연 내 길일까?', '내가 잘하고 있는 건가?'라는 의문이 들 때마다 큰 위로가 되는 노래다.

얼마 전 방영된 JTBC 프로그램 '비긴 어게인'에서는 가수 크러쉬가 버스킹 도중 이 곡을 부르며 폭풍 눈물을 흘렸다. 노래를 부르지 못할 만큼 감정이 벅차올라 버스킹이 잠시 중단되는 사태까지 발생했다. 나 역시 헨리, 정승환, 이수현, 소향 등 4명의 뮤지션이 각자 파트를 나눠 부르는 노래를 듣고 있자니 많은 생각이 스쳐 갔다. 부르는 가수들도 많은 생각에 잠겨 있음을 느낄 수 있었다. 젊은 시절 〈길〉을 들었을 땐 가사보다 멜로디가 좋다고 느꼈던 것 같은데, 이날은 가사 하나하나가 어찌나 마음에 와닿던지…. 어떤 길, 아니 어떤 인생을 살아야 할지 다시 한번 생각하는 시간이 되었다.

1.
목적지를 확실히 정하자

많은 직장인이 금요일을 기다린다. 기다리는 정도가 아니라 일주일 내내 그날만 생각한다. 그리고 지겨운 5일간의 삶을 보상이라도 받으려는 듯 주말에 모든 에너지를 쏟아 낸다. 끔찍했던 주중 5일을 잊을 만큼 재미있게 놀기 위해서는 멋진 자동차와 캠핑 용품이 필요하다고 말한다.

자신의 일을 사랑하는 사람이라면 이해가 되지 않을 것이다. 아무리 그래도 주중의 생활이 조금은 재미도 있고 보람도 있지 않을까? 하지만 80% 이상의 사람이 생계를 위한 일에서 아무런 즐거움도 얻지 못한다고 한다. 그들은 월요일 출근이 너무 싫고 매주 금요일을 학수고대한다.

누구나 "왜 그 일을 하고 있나요?"라는 질문을 받으면 망설임 없이 "그 일을 좋아하기 때문입니다."라고 말하고 싶어 한다. 그래야 진짜 행복한 사람이 될 수 있을 테니까 말이다. 좋아하는 일은 열심히 하기 쉽고 성공할 확률도 높다. 하지만 현실에 이런 행운아는 많지 않다. 그렇다고 쉽게 포기하고 주말만 기다리기엔 남은 인생이 너무 길다. 좌절하지 말고 우선 자신이 진짜로 원하는 일이 무엇인지부터 찾아보자.

바람직한 삶의 절대 기준은 없지만 행복한 삶의 기준은 있다. 바로 자신이 원하는 삶을 사는 것이다. 주말을 기다리듯 즐거운 마음으로 출근할 수 있는 일을 직업으로 삼는 그날을 위하여 오늘도 열심히 달려 보자.

가슴 뛰는 삶

그렇다면 스스로 원하는 삶은 무엇일까? 사람마다 다르겠지만 누구에게나 적용될 수 있는 판단 기준은 있다. 바로 명상가 다릴 앙카Darryl Anka가 말한 '가슴 뛰는 삶'이다. 그는 가슴 뛰는 삶이야말로 누구나 원하는 인생이자 우리에게 주어진 사명이라고 말한다. 나 또한 전적으로 동의한다. 사실 우리는 대부분 가슴 뛰는 일을 하면서 살고 싶어 하지만 현실에서는 쉽지 않다. 안정적인 직장을 그만두고 새로운 도전을 하려 하면 주변에서 극구 만류한다.

꿈을 이룰 수 있을지 장담할 수 없다고 해도 남의 눈치

보지 않고 자신이 원하는 목적지를 향해 하루하루 살아가는 삶이 필요하다. 원하는 꿈을 향해 의미 있게 살아가는 삶은 무엇과도 비교할 수 없이 소중하기 때문이다. 또한 가슴이 뛰면 노력은 자발적으로 우러나온다. 억지로 하는 노력과는 차원이 다르다.

꿈을 포기하고 지금처럼 살아가기란 어쩌면 쉬운 일이다. 마치 꽉 찬 지하철에서 모든 사람이 내리는 바람에 자신도 떠밀려 내리듯이. 모든 사람이 가는 길은 힘들어 보여도 사실은 쉬운 길이다. 그저 앞으로 앞으로 떠밀려 살면 그만이기 때문이다. 하지만 자신의 길을 개척해 나갈 때는 스스로의 힘으로 움직여야 한다. 바람을 가르며 앞으로 나아가야 한다. 혹여 아무도 가지 않는 길이라면 더욱 어렵다. 쌓인 눈 위로 한 발자국, 한 발자국이 모여 길을 만들어 내듯 홀로 나아가야 한다.

새로운 길을 개척하기는 쉽지 않다. 그래서 실력이 필요하다. 실력 없이 추구하는 가슴 뛰는 삶은 '미션 임파서블', 즉 불가능일 뿐이다. 그렇다면 실력은 어떻게 만들어야 할까? 진짜 실력은 머리가 아닌 엉덩이에서 만들어진다. 재능보다 노력이 훨씬 더 중요하다는 이야기다. 꾸준함이 곧 실력이다.

올해 중학생이 되는 나의 첫째 딸은 학교와 학원 가기를 그다지 좋아하지 않는다. 아침에 일찍 일어나기가 벌써부터 힘들단다. 그런데 여행 가는 날은 누구보다 일찍 일어나 준비를 한다. 여행은 자신이 가장 좋아하는 일이기 때문이다. 스스로 엄마 일을 도와주고 동생도 챙기는 모습이 어색해 보일 정도다.

그런 딸을 보면서 우리 부부는 고민 끝에 결론을 내렸다. 학교는 의무 교육이라 어쩔 수 없지만 억지로 다니던 영어 학원은 그만두게 했다. 대신 1년 치 학원비를 모아 매년 한 달씩 해외에서 살아 보려고 한다. 작년에 말레이시아에서 한 달 살기를 했을 때 좋아하던 딸의 모습을 잊을 수가 없다. 쉽지 않은 결정이었지만 딸의 밝은 미소를 보면서 잘했다는 생각이 절로 들었다.

이런 결정은 딸의 가슴을 뛰게 하는 일을 찾았기에 가능했다. 가슴 뛰는 삶을 살기 위해선 자신을 설레게 하는 일을 찾는 것이 중요하다. 만약 현재 하는 일에서 가슴이 뛸 만한 이유를 찾을 수 없다면 과감하게 다른 삶을 개척하는 것도 괜찮다. 그러니 스스로에게 물어보자. 무엇을 할 때 가슴이 뛰고 행복한지.

2.

'생각하는 대로 이루어진다'의 숨은 뜻

불교에 '일체유심조一切唯心造'란 말이 있다. 모든 것은 오직 마음이 짓는다는 뜻이다. 마음이 불안하면 현재 상황이 아무리 좋아도 걱정스럽게만 느껴진다. 반대로 마음이 안정되고 자신감이 넘친다면 아무리 위태로운 상황도 긍정적으로 보게 된다. 이처럼 모든 것은 외부 상황이 아니라 내 안의 마음이 만든다. 긍정적인 마음은 부정적인 점들 사이에서 희망을 보고, 부정적인 마음은 좋은 점들 사이에서 좌절을 본다.

그렇다고 일체유심조가 뭐든 마음먹은 대로 이루어진다는 뜻은 아니다. 생각이나 마음은 시작에 불과하기 때문이다. 시작조차 못 한다면 당연히 무엇도 이룰 수 없겠지만 시작만 한다고 해서 모든 것이 이루어지지는 않는다. 생각과 함께 실천이 뒤따라야 한다. 많은 이가 '생각하는 대로 이루어진다'는 말을 오해하고 있다. 여기에는 실행 혹은 실천이 내포되어 있다. 즉, 생각과 행동의 유기적인 결합이 필수다.

세계적인 비즈니스 작가 맬컴 글래드웰Malcolm Gladwell은 저서 『아웃라이어』에서 비범한 성취를 이룬 사람(아웃라이어)들의 공통적인 성공 비결을 '1만 시간의 법칙'으로 설명했다. 무슨 분야든 숙달을 위해서는 대략 1만 시간이 필요하다는 뜻이다. 이는 하루 3시간씩, 10년이 지나야 확보되는 시간이다. 작곡가, 야구 선수, 소설가, 피아니스트 등 어떤 분야에서든 이보다 적은 시간을 연습하고도 최고 수준의 전문가가 탄생한 경우는 극히 드물다고 한다. 흔히 비범한 성공을 이룬 사람의 이야기를 할 때 그의 IQ나 재능을 궁금해한다. 하지만 글래드웰에 따르면 아웃라이어가 되는 데 가장 중요한 요소는 천재적 재능이 아니라 바로 1만 시간 동안의 꾸준한 노력이다.

아웃라이어들은 창의적이다. 하지만 아웃라이어가 되기 위해선 1만 시간 동안의 반복 훈련이 필수다. 얼핏 모순되는 듯한 사실들이 의미하는 바는 명확하다. 아웃라이어 수준의 창의성에 도달하기 위해서는 1만 시간 이상의 반복 훈련이 필요하다. 즉, 노력과 창의성은 동떨어진 것이 아니다. 그러니 퇴직 후 하고 싶은 일이 있다면 지금부터 준비해야 한다. 어떤 분야에서든 아웃라이어가 되려면 하루 3시간씩 10년, 6시간씩 5년이 소요되니 말이다. 사실 하루아침에 이루어지는 것은 누구나 할 수 있는 일이다. 세상일이 마음먹은 대로 순조롭게 풀려 성공한 사람은 극소수다. 현재 큰 성공을 거둔 사람들은 어려움과 고난, 실패를 경험하면서도 도전을 멈추지 않았다.

토머스 에디슨Thomas Alva Edison의 유명한 일화가 있다. 그는 전구를 만들어 내기까지 1만 번 이상의 실험에서 계속 실패했다. 그는 자신을 비웃는 사람들에게 이렇게 말했다. "나는 1만 번의 실패를 한 것이 아니라 1만 가지의 잘못된 방법을 발견했다." 마침내 그는 전구 개발에 성공했고 세상은 에디슨을 성공한 사람으로 기억한다. 사람들은 그가 기록한 1만 번의 실패 대신 최후의 성공만 보는 셈이다.

실패는 패배와 다르다는 점 또한 기억해야 한다. 실패는 긴 인생을 살아가면서 만나는 크고 작은 돌부리와 같다. 돌부리에 걸려 넘어지기는 하지만 죽지는 않는다. 반면 패배는 도저히 복구할 수 없는 손실이다. 넘어져도 다시 일어나면 실패, 주저앉아 버리면 패배가 된다. 이제 겨우 인생 중반에 도달한 40대라면 지금의 실패가 오히려 자신을 단련하는 수단이자 성공의 밑거름이 될 수 있다. 기억하자. 실패가 있어야 성공도 있다.

긍정의 힘

실패를 성공으로 바꾸는 원동력은 희망과 자신감이다. 보지도 듣지도 말하지도 못했던 헬렌 켈러Helen Keller가 선입견과 차별을 딛고 장애를 극복할 수 있었던 이유도 희망과 긍정적인 생각 덕분이다. 심리적으로 우울하거나 부정적인 생각을 하는 사람은 기분 역시 가라앉아 세상을 비관적으로 바라볼 수밖에 없다.

반대로 긍정적으로 생각하면 똑같은 환경에서도 스트레스를 덜 받는다. 또한 긍정적인 생각은 감정을 개선하는 데 그치지 않고 연쇄적인 상승 효과를 일으킨다. 주변 사람들과 더 가까워질 수 있고 창의력과 상상력도 풍부해진다. 게다가 문제 해결 의지를 일으키기 때문에 더 좋은 결과를 가져올 수도 있다.

'플라세보(속임약) 효과' 역시 긍정과 밀접한 관련이 있다. 플라세보 효과란 환자에게 속임약을 처방해도 실제로 병세가 호전되는 현상을 말한다. 특히 우울증 환자의 경우 플라세보 효과가 가장 크다고 한다. 2012년 미국 캘리포니아 대학에서 발표한 연구 논문에 따르면 플라세보 효과로 생겨난 긍정적인 감정은 짧은 시간 지속되더라도 우울증 환자에게는 큰 도움이 된다. 긍정이 우리 삶에 얼마나 큰 영향을 미치는지 알 수 있는 대목이다.

어떻게 하면 긍정적인 생각을 가질 수 있을까? 플로랑스 비나이Florence Binay가 『몸을 씁니다』에서 제시한 몇 가지 방법을 소개한다.

첫째, 긍정적 단언하기. 우리 삶에 긍정적인 효과를 가져오는 방법 중 하나가 자기 암시다. 우선 '나는 행복해' 같은 긍정적인 문장 하나를 떠올린다. 그다음 천천히 깊은 호흡을 하면서 마음속으로 읊조리거나 되풀이하며 문장이 몸속으로 스며든다고 상상한다.

둘째, 광적으로 웃기. 우울한 기분이 온몸을 휘감을 때면 눈을 감고 가장 행복했던 순간을 떠올리며 크게 웃어 본다. 이때 마음속에 떠올린 행복한 이미지에서 건강한 에너지를 느끼며 깊게 호흡하면 효과가 더 좋다.

셋째, 성공의 기억 떠올리기. 실패로 자신감이 하락했을 때는 이전에 무언가를 해냈던 순간을 떠올려 본다. 큰 성공이 아닌 소소한 경험도 좋다. 당시의 감동과 유쾌한 느낌을 떠올리면서 지금 이 순간 눈앞에서 벌어지고 있다고 상상할수록 효과가 크다.

마지막으로, 나쁜 생각 몰아내기. 자신도 모르게 부정적인 생각이 머릿속을 괴롭힌다면 깊은 호흡을 두세 번 하고 꽃, 나무, 태양, 풍경 같은 자연의 이미지를 떠올려 본다. 긍정적인 생각이 부정적인 것들을 서서히 밀어내면서 평온한 마음을 되찾을 수 있다.

빌 게이츠Bill Gates가 하루를 마무리하면서 하는 일 중 하나가 설거지라고 한다. 긴장을 완화하고 스트레스를 감소시켜 주기 때문이란다. 천하의 빌 게이츠가 설거지를 하고 있는 모습이라니. 한편으로는 별거 아니라고 생각했던 설거지가 스트레스 해소와 긴장 완화에 도움이 된다니 신선하다. 그가 매일 한다니 뭔가 특별한 느낌마저 든다. 어떤가? 이제 설거지도 달리 보이지 않나? 이렇듯 힘들다 생각하면 힘들고, 재미있다 생각하면 재미있는 것이다. 같은 일이라도 어떤 의미를 부여하느냐에 따라 달라질 수 있다.

특별한 의미를 부여하고 다르게 생각하면 설거지도 의미 있는 일이 된다. 마찬가지로 일상에서 자신이 하는 일에 의미를 부여해 보자. 다른 사람의 일만 특별하고 좋아 보이는 것이 아니라, 나의 일이 가장 멋지고 재미난 일이 될 수 있다. 예전에 비슷한 일화를 어느 책에서 본 적이 있다.

미국항공우주국NASA: National Aeronautics and Space Administration에서 일하는 청소부가 콧노래를 부르며 웃으면서 일하고 있기에 다가가서 이유를 물어보았더니 "저는 사람을 달에 보내는 일을 돕고 있는 중이기 때문입니다."라고 답했다고 한다.

그리고 어느 병원에서 거동이 불편한 사람이 쓰레기통을 치우는 직원에게 옆에 떨어진 쓰레기를 좀 치워 달라고 부탁했더니 "저는 쓰레기통 치우는 사람이지 쓰레기 치우는 사람이 아니거든요."라고 말했다고 한다. 똑같은 청소부지만 자신의 일에 어떤 의미를 부여하느냐에 따라 일에 임하는 자세뿐만 아니라 본인의 가치도 달라질 수 있다.

힌두교의 옛 경전에도 "인간은 자기가 생각하는 대로 이루어진다."라는 문구가 있다. 똑같은 일을 해도 누군가는 즐겁게 하지만 누군가는 괴롭고 힘들게 한다. 이는 생각의 차이에서 비롯된다. 긍정을 넣으면 긍정이 나오고, 부정을 넣으면 부정이 나온다. 지금부터라도 긍정적인 마음으로 실천해 나간다면 소망한 목표들을 모두 이룰 수 있을 것이다.

3.
평생 배움을 멈추지 말자

일을 하다 보면 막막해지는 순간이 있다. 더 이상 실력이 느는 것 같지도 않고, 아이디어도 잘 떠오르지 않는 정체된 느낌. 동료들은 저만큼 앞서 나가는데 나만 제자리걸음을 하거나 뒤처진 기분이 든다. 일종의 슬럼프라 할 수 있다. 누구에게나 닥칠 수 있는 순간이다.

그때는 망설이지 말고 멘토를 찾아가자. 여러분이 신뢰하고 배움을 구할 수 있는 상대 말이다. 멘토가 꼭 직장 상사나 선배일 필요는 없다. 동료나 후배라도 배울 점이 있다면 주저 없이 찾아가 도움을 청해 보자. 만약 힘들다면 그를 유심히 관찰하고 따라 해 봐도 도움이 된다. 인간은 배우면서 성장하는 존재다. 모두가 알 만한 위인들도 그랬다. 남을 흉내 내고 따라 하면서 점차 자신만의 차별화된 영역을 개척했다. 처음부터 모든 것을 혼자 힘으로 이룬 사람은 없다.

"세 살 먹은 아이 말도 귀담아들어라."라는 속담이 있다. 풀지 못하던 문제가 새까만 후배의 힌트 하나로 너무나 손쉽게 해결될 수도 있다. 그러니 조언을 요청하는 걸 주저해서는 안 된다. 도움을 청하면 설령 문제 해결이 안 되더라도 많은 사람을 자신의 일에 동참시키는 효과가 있다. 사람들은 대부분 자기가 관여한 일에 조금이라도 더 관심을 갖고 우호적으로 대한다. 그러면 보다 많은 지원을 이끌어 낼 수 있을 뿐만 아니라 결과가 좋지 않다 해도 마음의 위안을 얻을 수 있다. 실패해도 남는 것이 있다는 뜻이다.

또한 사람은 자신에게 무언가를 물어보는 이에게 호감을 갖는다. 자신이 누군가에게 힘이 되어 줄 때 뿌듯해하기 때문이다. 자신을 믿어 주는 사람에게도 고마움을 느낀다. 배움에는 나이도 학벌도 중요치 않다. 누구에게든 도움을 청하고 배워 보자. 남이 잘하는 것을 따라 하다 보면 자신도 모르는 사이에 어제보다 더 나은 나를 발견할 수 있을 것이다.

스스로 배우고 노력해 얻은 결과물도 온전히 나만의 소유물은 아니다. 우리는 모두 먼저 배운 이들이 만들어 놓은 결과물에서 가르침을 얻는다. 근대 역학의 창시자인 뉴

턴조차 "내가 더 멀리 보았다면 이는 거인의 어깨 위에 올라섰기 때문이다."라고 쓰지 않았던가.

배운 것을 고인 물처럼 자기 안에만 가둬 놓아서는 안 된다. 남들과 나눠야 한다. 아직은 그럴 만한 수준이 안 된다고 생각하는가? 사람은 모두가 다르듯 각자의 깨달음도 다르다. 나의 배움이 작고 부족해도 이를 필요로 하는 사람은 어디든 존재한다는 사실을 기억하자.

다른 사람을 정복하면 강한 자이고 자기 자신을 정복하면 위대한 자라고 했다. 베풂을 그만두면 얻음도 끝나며 배우기를 그만두면 성장도 멈춘다. 진정한 배움은 학교를 졸업하면서 시작된다. 절대로 배움을 멈추지 말자.

습관의 힘

미국의 심리학자 윌리엄 제임스William James는 "우리 삶이 일정한 형태를 띠는 한 삶은 습관 덩어리일 뿐이다."라고 말했다. 매일 반복하는 선택 대부분은 습관에 의해 결정된다. 듀크 대학교 연구진이 발표한 논문에 따르면 우리가 매일 하는 행동의 약 40%는 합리적 의사 결정의 결과가 아닌 습관에 의한 것이다. 처음에는 의식적으로 결정하지만 몇 번만 반복되면 습관이 된다.

하나의 습관은 사소할 수 있으나 여럿이 모이면 삶을 결정한다. 그러니 습관을 바꾸면 삶도 달라진다. 물론 습관을 바꾸기가 쉽지는 않다. 시간도 오래 걸리고 실패도 반복될 수밖에 없다. 하지만 습관의 작동 과정을 알면 바꾸지 못할 이유도 없다. 습관은 뇌가 기계적으로 따르는 공식이다. 즉, 어떤 행동의 보상이 반복되어 하나의 공식으로 자리 잡은 것이다. 습관을 바꾸려면 우선 계획을 세워야 한다. 심리학에서는 이를 '실행 의도implementation intention'라고 한다.

퇴근만 하면 영화나 TV를 켜던 내 습관을 예로 들어 보자. 나는 습관을 바꾸기 위해 '공인중개사 시험 공부'라는 전혀 다른 방향의 계획을 세웠다. 그리고 실행을 위해 주변 사람들과 스터디를 구성했다. 당연히 모든 것이 계획처럼 되지는 않는다. 하지만 계획대로 시행한 날에는 일과가 끝날 때 뿌듯한 마음이 든다. 영화나 TV를 봤을 때보다도 기분이 더욱 좋다. 이렇게 새로운 보상 체계를 뇌가 인지하면 새로운 습관이 몸에 배기 시작한다. 이제는 퇴근 시간만 되면 기계적으로 스터디 준비를 하고, 작지만 실질적인 성취감을 만끽하며 하루를 끝내는 일이 새로운 습관으로 자리 잡았다.

배움은 자신을 변화시킬 가장 효과적이고 확실한 습관

이다.

21세기의 새로운 정신병?

사람은 대부분 습관대로 행동한다. 늘 같은 시간에 일어나고 밥 먹고 일하며 잠잔다. 어떤 사람은 늘 같은 시간만큼 늦거나 매번 똑같은 것을 잃어버리기도 한다. 하지만 습관 때문에 발생한 일이라고는 생각하지 않는다. 그저 건망증이나 시간 부족을 탓한다. 사실 이런 변명 역시 습관이다. 그러니 건망증을 고치고 시간을 여유 있게 쓰고 싶다면 무엇보다 습관부터 바꿔야 한다.

나는 강의할 때 이런 질문을 자주 한다.

"여러분! 21세기의 새로운 정신병이 무엇인지 아십니까?"

그러면 우울증, 조울증 같은 대답이 나온다. 하지만 내가 원하는 정답은 따로 있다. 늘 똑같은 행동을 반복하면서 다른 결과를 바라는 것! 매번 같은 행동을 하면 동일한 결과가 나올 수밖에 없다. 그런데 보통은 행동의 변화 없이 좋은 결과만을 바란다. 실제로 찬찬히 관찰해 보면 같은 행동을 하면서 다른 결과를 기대하는 사람들을 쉽게 볼 수 있다.

초등학생도 알고 있듯이 다른 결과를 원한다면 지금과

는 다르게 행동해야 한다. 그러지 못하는 이유는 습관에 길들여져 있기 때문이다. 습관은 몸에 배서 떼어 내기 힘들다. 전문가들 말로는 새로운 습관을 만드는 데 1달 정도가 걸린다고 한다. 결코 짧은 시간은 아니지만 인생을 바꾼다고 생각하면 그리 긴 시간도 아니다. 새로운 정신병의 특효약은 자신의 변화다. 다시 말해 좋은 습관을 가지는 것이다. 이번에는 여러분이 승자가 되었으면 좋겠다.

4.
마흔에 시작한 박사 과정

공부에도 사업처럼 투자가 필요하다. 시간뿐만 아니라 돈도 제법 든다. 그렇다고 걱정할 필요는 없다. 사업에 드는 돈에 비하면 얼마 되지 않으니 말이다. 게다가 공부는 사업에 없는 장점도 있다. 사업은 아무리 많은 돈을 투자하고 최선을 다해도 외부 요인에 따라 실패하기 쉽지만 공부는 그렇지 않다. 나만 열심히 하면 목표를 달성하기 어렵지 않고 투자한 결과도 확실히 나타난다. 이런 투자라면 안 하는 사람이 바보라고 할 정도다. 내 경우가 바로 그랬다.

나는 31세에 석사를 마치고 9년 뒤인 40세에 박사 과정에 입학했다. 사실 큰 기대는 없었다. '기왕 시작한 공부이니 박사까지 받으면 좋지 않을까' 하는 막연한 생각이었다. 하지만 막상 시작한 박사 과정은 결코 만만치 않았다. 더구나 우리 학과(금융보험학과)에서는 1호 박사였기에 선배들의 도움을 받지도 못했다. 대신 지도 교수님께서 고비 때마다 큰 도움을 주셨다. 그러면서 늘 이런 말씀을 덧붙이셨다.

"남들도 다 같은 과정을 겪고 박사가 되었다. 당신도 충분히 할 수 있다. 그러니 포기하면 안 된다. 쉬어서도 안 된다. 한번 쉬면 한없이 쉬게 된다."

직장 생활을 하면서 박사 과정을 밟기가 무척 힘들었지만 그만큼 오기도 생겼다. 정말 죽기 살기로 노력했다. 마침내 지도 교수님이 논문에 마지막 도장을 찍는 순간, 뭐라 형언할 수 없는 기분이 들었다. 노력과 운이 합쳐져 4년 만에 경영학 박사(금융보험 전공) 학위를 받았다. 이때만 해도 박사 학위가 내 인생에 이렇게 큰 영향을 미칠 줄은 전혀 알지 못했다. 돌이켜 보면 지출한 학비와 소요된 시간에 비해 얻은 혜택이 정말 컸다. 생각지도 못한 변화도 많았다.

우선 주변에서 나를 보는 인식이 달라졌다. 회사에서 호칭이 '박사'로 바뀌었고, 가족들의 시선도 달라진 느낌이다. 특히 아이들이 마치 자기가 박사라도 된 듯 좋아했다. 박사가 뭔지도 모르면서 자기도 나중에 아빠처럼 되겠다고 말하는 두 딸을 보면 박사 취득이 인생에서 참 잘한 일 중 하나라는 생각이 절로 든다.

또한 학교에서 강의할 수 있는 기회를 얻었다. 회사 일 때문에 정기적으로는 못 하지만 특강 형식으로 꿈에 그리던 대학 강단에 설 수 있었다. 금전적으로 큰 도움이 되지는 않지만 인생의 버킷 리스트 중 하나를 실현했다. 강의 시간에는 대학생들에게 강사이자 인생 선배로서 도움을 주려고 노력한다. 학점, 자격증, 어학 공부가 아니라 평생 해도 즐거운 일을 찾는 것이 가장 중요한 과제라고 습관처럼 말하고 있다. 사회적 평판이나 부모의 기대에 맞춰 직업을 선택하는 어리석은 행동을 하지 말고, 자신이 좋아하는 일을 직업으로 삼되 적어도 남들만큼은 잘할 준비를 해야 한다고 강조한다. 그리고 무엇보다도 다른 사람과의 소통이 중요하니 스스로 커뮤니케이션 훈련을 해야 한다고 이야기한다.

열정을 쏟고 싶은 일을 찾으면 그 일을 잘하기 위한 준비 역시 즐겁다. 반대로 아무런 목표를 세우지 못하고 그저 막연히 스펙만 쌓으려 한다면 어려운 일이 된다. 내가 가르치는 학생들이 열정을 쏟고 싶은 일을 꼭 찾았으면 좋겠다.

지금은 웃으며 이야기하지만 학위 논문을 준비하고 심사를 받는 기간은 정말 힘든 시간의 연속이었다. 왜 학위 논문을 못 쓴 박사 수료자가 그렇게 많은지 실감할 수 있었다. 친구들에게 차라리 군대를 한 번 더 가면 갔지, 이건 정말 못 하겠다고 푸념을 늘어놓기 일쑤였다. 하지만 그때가 승부처다. 견디고 이겨 내야 한다. 그러면 공부라는 부메랑은 반드시 크게 돌아온다. 흔들리지 않고 계속해서 나아가야 한다. 지도 교수님을 포함해 많은 분이 도움을 주기도 했지만 좋아서 시작한 공부이기에 승부처에서 이길 수 있었다.

일단 해 보자

나는 누군가 고민을 이야기하거나 시작하기 두렵다고 말하면 '일단 해 보자'고 권한다. 나중에 후회해도 늦지 않으니 일단 해 보자고 한다. 이 말을 정말 자주 한다. 그런데 '일단 해 보자'는 마인드를 내 안에 장착하기까지 오랜 시간이 걸렸다. 다양한 강의와 책을 통해 우유부단함을 극복하려 노력했다. 실패가 성공의 어머니라는 많은 작가와 강사들의 가르침도 큰 도움이 되었다.

그중에는 카네기 멜론 대학의 랜디 포시Randy Pausch 교수가 쓴 『마지막 강의』도 있다. 제목처럼 포시 교수의 마지막 강의를 담은 책이다. '당신의 어릴 적 꿈을 진짜로 이루기Really Achieving Your Childhood Dreams'라는 주제의 강의였다. 사실 이 강의 몇 달 전에 포시 교수는 말기 췌장암 판정을 받고 학교를 떠났다. 그때부터 가족과 함께 버지니아주에 거주하다가 학교의 요청으로 2007년 9월 18일 마지막 강의를 하게 되었다.

포시 교수는 먼저 자신의 삶이 얼마 남지 않았음을 고백했다. 동시에 지금까지 꿈을 이루기 위해 자신이 어떤 노력을 해 왔는지 이야기하면서 학생들에게 희망과 용기를 주었다. 교내 다른 강의실에도 실시간으로 중계된 강의 동영상은 나중에 유튜브에 등록돼 현재까지 약 900만 이상의 조회 수를 기록했다. 또한 그의 책은 한국어, 중국어, 독일어, 스페인어 등으로 번역되어 전 세계 수많은 사람들의 심금을 울렸다.

나 역시 죽기 전 마지막 강의에서 모든 삶의 노하우를 토해 내는 그를 보면서 깊은 감명을 받았다. 이 책에서 가장 좋아하는 문장을 소개한다.

"행운이란 준비가 기회를 만날 때 생긴다. 이는 BC 5년에 태어난 로마의 철학자 세네카Lucius Annaeus Seneca가 한 말이다. 앞으로 적어도 2천 년은 더 반복할 만한 가치가 있다. 당신이 할 수 있다고 생각하든 할 수 없다고 생각하든 당신이 옳다. 새로 들어온 학생들을 위해 나는 이 말을 지겹도록 자주 한다."

이 문장은 나에게 새로운 도전 정신을 심어 주었다. 덕분에 박사 과정도 밟고 책도 쓸 수 있었다. 여러분에게도 언제 행운이 찾아올지 모르니 평소부터 준비해야 한다. 더불어 적극적인 자세가 삶에 좋은 영향력을 준다. 여러분도 '일단 해 보자'는 정신으로 삶을 주도적이고 즐겁게 살았으면 좋겠다.

모르겠으면 일단 해 보자. 고민만 하다 끝내기보다는 일단 해 보고 후회하는 편이 훨씬 낫다. 지금까지의 경험이 고민의 해답을 찾아 줄 것이다. 자신을 믿자. 그리고 일단 해 보자.

지금이 시작하기 가장 좋은 때다

그렇다면 일단 해 보기 가장 좋은 때는 언제일까? 바로 지금이다. 무슨 일이든 생각한 즉시 행동으로 옮기면 처리 속도가 빨라진다. 일을 빨리 끝내면 다시 한번 확인할 여유가 생기기 때문에 업무의 질도 향상된다. 작은 성공에 안주하고 새로운 시도를 멀리하는 순간 퇴행이 시작된다. 실패했어도 다시 도전할 때 성장한다. 40대 중반에도 진로 고민은 계속된다. 50대라고 다를까? 아마 비슷할 것이다. 그러니 일단 지금 무엇이라도 시작해야 한다.

하지만 시작만으로는 부족하다. 끈기가 더해져야 한다. 어른이 되고 보니 인생에서 재능보다 더 중요한 것은 끈기였다. 하겠다고 마음먹은 일은 끝까지 밀고 나가는 자세가 필요하다는 사실을 수없이 느꼈다. 나는 무슨 일이든 한 번 만에 합격하거나 통과한 경험이 별로 없다. 대학교, 운전면허 시험 모두 마찬가지였다. CFP 시험과 박사 학위도 두번 시도 끝에 좋은 결과를 얻었다.

스스로 정한 목표가 아니라면 아무리 인내심을 타고난 사람이라도 끈기를 발휘하기 힘들다. 반면 자신이 하고 싶은 일을 하면 자연스럽게 끈기가 생긴다. 4차 산업 혁명 시대에 가장 필요한 역량은 창의성이라지만 역시 끈기가 뒷

받침되지 않으면 소용이 없다. 앞서 살펴본 '1만 시간의 법칙'이 바로 그 이야기다. 잘 알려진 박태환 선수, 김연아 선수, 발레리나 강수진 등 수많은 유명 인사들도 끈기로 성공을 거머쥐었다.

물론 그들은 타고난 재능 또한 뛰어났다. 하지만 재능이 부족한 사람도 무슨 일이든 생각한 즉시 실천에 옮기고 끈기 있게 지속한다면 어느 정도의 성공을 거둘 수 있다. 내 경우가 이에 해당한다. 나는 재능이 부족하지만 추진력과 끈기로 여기까지 왔다. 마음에 드는 사람이 있으면 일단 시간이 있는지 물어보고, 읽고 싶은 책이 있으면 일단 사서 첫 페이지를 넘겨 보고, 가고 싶은 여행지가 있으면 일단 예약하고 본다. 때로는 실패하기도 하지만 더 많이 성공하고 좋은 결과를 얻었다. 시작을 받쳐 주는 끈기가 있기 때문이다.

기회는 예고하며 오지 않는다. 어느 순간 갑자기 찾아온다. 기회가 왔을 때 준비가 되어 있는지 여부가 삶을 결정한다. 따라서 모든 일은 지금부터 준비해야 한다. 살아가는 일은 늘 지금부터다. 시간이 없어서, 여건이 좋지 않아서, 여유가 없어서 안 된다고 말하는 사람은 자신에게 맞는 시간, 장소, 여유를 영원히 찾지 못한다. 언제 어디서나 마음만 먹으면 시작할 수 있어야 한다.

열심히 도전하다 보면 회사 일도 더 열정적으로 할 수 있고 경쟁력도 높아진다. 무엇이든 하려면 지금 이곳에서 당장 시작하자. Do It Now! 내가 세상에서 가장 좋아하는 말이다.

5.
회사 밖으로 나가자

    퇴사 후를 준비하는 사람과 안 하는 사람의 차이점은 무엇일까? 가장 큰 차이는 전자가 다양한 취미 생활, 사회 활동 등을 회사 생활과 병행하는 경우가 훨씬 더 많다는 점이다. 언뜻 좀 이상하게 느껴진다. 퇴사 후 구체적인 계획이 있다면 거기에만 매진해야 하지 않나? 아니다. 퇴사 후에 무슨 일을 하고 싶은지 결정하는 것은 하루아침에 되는 일이 아니다. 평소에 하고 싶었던 취미 생활이나 다양한 배움에 투자하여 경험을 쌓다 보면 자연스럽게 자신에게 맞는 일을 찾을 확률이 높아진다. 이러한 회사 밖 생활은 은퇴 이후뿐만 아니라 지금의 삶도 더 행복하고 열정적으로 만들어 준다.

    이를 위해 직장인이 가장 신경 써야 할 부분이 바로 시간 관리다. 목적 없이 허비되는 시간을 아껴서 회사 밖으로 나가야 하기 때문이다. 자신을 위한 것도, 타인을 위한 것도 아닌 시간을 줄여야만 스스로를 돌아보는 시간을 확보할 수 있다. 자신을 알아야 새로운 목표를 세울 수 있고 실행 방법도 생각할 수 있다.

곰곰이 생각해 보면 일상에서 의미 없이 보내는 시간이 참 많다. 스마트폰을 비롯해 주변에 널린 각종 모니터에 빠져 있는 시간이 대표적이다. 출퇴근길 지하철이나 버스에서 사람들은 거의 대부분 스마트폰을 본다. 스마트폰이 많은 정보와 다양한 기능을 제공하기는 하지만 부작용이 많은 것도 사실이다.

스마트폰이 대중화되면서 책을 읽거나 다른 공부를 하는 사람은 찾아보기가 힘들다. 게임이나 쇼핑, 단순한 인터넷 검색 등을 할 때면 스마트폰이 '21세기의 바보 상자' 같다는 느낌을 지울 수가 없다. 물론 SNS로 세상과 의미 있는 소통을 하는 사람도 있다. 누군가는 매일 블로그에 글을 올리면서 활동 영역을 넓히기도 한다. 하지만 대부분 사람들은 시간을 허비할 뿐이라는 것이 솔직한 생각이다.

이 밖에 생활 곳곳에 자리 잡고 있는 모니터도 시간 관리를 넘어 인간관계까지 해치는 주범이다. 각종 모니터 때문에 가족이 집 안에 같이 있어도 소통이 전혀 이루어지지 않는 경우가 흔하다. 아빠는 TV로 야구를 보고, 엄마는 다른 방에서 드라마를 보고, 첫째는 엄마 스마트폰으로 게임을 하고, 둘째는 태블릿 PC로 그림을 그리는 식이다. 같은 공간에 존재하나 각자 관심이 다른 곳에 가 있는 영혼 없는 상태다. 대화가 없는 가족, 계속 이런 식이라면 가족의 미래는 뻔하지 않을까?

직장인의 시간 관리는 이전과 많이 달라져야 한다. 젊은 시절에는 쉽게 용인했던 목적 없이 허비되는 시간을 점차 줄여야 한다. 우리에게 꼭 필요한 스스로를 돌아보는 시간이 여기에서 나오기 때문이다. 이 시간을 활용해 회사 밖의 다양한 경험 해 보기를 적극 권장한다.

불편한 만남을 자주 하자

잘 모르는 누군가를 만나는 일은 어색하고 불편하다. 원한다고 만나 준다는 보장도 없다. 더군다나 나이가 들어 새로운 사람을 만나기란 더욱 쉽지 않다. 그래서인지 회사에서 외부 사람을 만나는 일은 대개 부하 직원의 몫인 경우가 많다. 연차나 직급이 높은 사람이 직접 나설 일이 아니라고 생각하는 탓이다.

무언가를 새로 배우는 일은 불편한 법이다. 생전 처음

보는 사람을 낯선 곳까지 찾아가 만나는 일은 더욱 그렇다. 하지만 낯선 사람을 피한다면 새로운 세상과 만나기 어렵다. 불편한 만남이 있어야 새로운 세상에 눈뜰 수 있다.

　나는 보험회사 교육팀에서 오랫동안 근무하고 있다. 덕분에 강의나 관련 자료가 필요한 사람들이 많이 찾아온다. 같은 이유로 나 또한 외부 사람들을 찾아간다. 가능하면 직접 만나려고 노력한다. 사정이 여의치 않아 SNS로 도움을 구할 때도 내가 직접 한다. 이렇게 이루어진 만남은 약한 유대 관계를 이룬다. 약간의 어색함과 불편함은 어쩔 수 없다. 하지만 고민거리를 서로 나누다 보면 새로운 관계가 형성되고 좋은 동료로 발전하기도 한다.

　무슨 일이든 때가 있다. 새로운 세상은 충분히 준비가 되어 있을 때 열린다. 사전에 충분한 시간을 가지고 해당 분야의 전문 지식을 쌓으며 준비해야 한다. 관련 서적도 읽어 보고 기회가 있을 때마다 인맥도 형성해 놓아야 한다. 새로운 분야에 대한 도전 의욕이 넘칠수록 그에 상응하는 준비와 노력을 해야 하고 때를 기다리는 인내심도 필요하다. 기회는 누구에게나 찾아오지만 역량을 갖춘 사람만이 잡을 수 있다. 그러니 필요하다면 낯선 사람과의 만남을 주저하지 말아야 한다.

　더불어 새로운 분야에 뛰어들기를 원한다면 먼저 취미 수준에서 익혀 보자. 틈틈이 시간을 내 부담 없이 즐기면서 배우면 된다. 관련 모임에 가입해 현직에서 일하고 있는 사람들과 인맥을 형성해도 좋다. 그러려면 새로운 사람과의 불편한 만남에 익숙해져야 한다. 처음 만나지만 도움을 주는 사람이 의외로 많다. 어느 정도 시간이 흐르면 배운 지식을 블로그나 밴드에 올리고 초보자들을 가르칠 수 있는 기회를 잡아 보자. 기회는 많을수록 좋다.

　이런 과정을 거치다 보면 모르는 부분이 점점 분명해

진다. 그때마다 전문가를 찾아가 물어보면 된다. 보다 체계적으로 관련 지식을 습득하고 싶다면 교육 프로그램에 등록해 부족한 점을 채워 나가면 된다. 이렇게 몇 년 정도 활동하다 보면 서서히 이름이 알려진다. 우리나라 프로페셔널 세계는 생각보다 좁다. 여러분도 곧 프로가 될 수 있다는 말이다.

자신이 속한 직장에서 제시하는 성공 방정식만이 정답은 아니다. 직장을 벗어나 다른 삶을 살고 있는 사람들과 교류하며 어떤 미래가 다가오는지 느껴 보자. 이제는 회사가 제공하는 정보에 만족하기보다 스스로 생각하는 능력을 갖추는 것이 더 중요한 시대다.

6.
변화를 시도하자

김형석 교수의 『백년을 살아보니』를 읽었다. 백 세를 사신 분의 풍부한 인생 경험과 삶의 지혜로 가득한 책이다. 무엇보다 직접 좌충우돌하며 실천한 내용이라 더 마음에 와닿았다. 저자는 자신의 삶을 돌아보고 앞으로 좀 더 의미와 가치가 있는 인생을 살아가자는 메시지를 전한다.

만약 젊은 시절의 나였다면 먼 나라 이야기로 느껴졌을 것이다. 이제는 중년의 초입에 들어섰기에 저자의 조언을 내 삶의 문제로 받아들일 수 있었다. 책을 읽는 내내 스스로에게 물었다. 과연 나는 100세가 되었을 때 살아온 인생에 후회가 없다고 자부할 수 있을까? 어떻게 살아야 후회 없는 인생이 될까?

40대가 되기까지 많은 것을 잃기도 하고 얻기도 한다. 이것이 인생이라고 생각한다. 사랑하는 이를 잃어버린 사람도 그 과정에서 얻는 것이 있다. 나 역시 부모님을 잃었지만 덕분에 인생이 성숙해지는 기회를 얻을 수 있었다. 아픔이 있기 전보다 분명히 더 나은 사람으로 성장하게 되었다. 무엇보다 어떤 아픔도 이겨 낼 수 있는 단단한 마음을 얻었다.

세상이 급격하게 바뀌는 요즘에는 의식적인 변화도 필요하다. 매일 새로움이 쏟아지는 시대에서 살아남으려면 신선한 시각과 자세, 방식으로 변화를 시도해야 한다. 물론 변화는 겁이 나고 부담스러운 일이다. 반면에 재미있는 일이기도 하다. 늘 아는 곳만 다니다가 한 번도 가 보지 않은 여행지로 떠나면 설레듯이 말이다. 마음을 열고 새로운 사람, 장소, 경험을 받아들이는 자세가 필요하다. 자신을 변화시키고 싶다면 바로 지금이 가장 시작하기 좋은 때다.

변화를 시작하는 데 가장 좋은 방법은 독서다. 책은 많은 돈과 시간, 노력을 들이지 않고도 최고의 동기부여를 얻을 수 있는 도구다. 먼저 변화에 도전한 사람들의 이야기를 읽어 보면 스스로 바뀌고 싶다는 마음이 들 것이다. 변화의 방법도 책에서 찾을 수 있다. 책은 궁금한 모든 내용을 가르쳐 줄 수 있다. 왜 변해야 하는지, 무엇 때문에 변화가 필요한지, 변화를 이끌어 내기 위해 무엇을 해야 할지 등등. 독서는 모든 변화의 기초이자 매뉴얼이다. 이 책도 여러분에게 그런 의미가 되었으면 좋겠다.

　　아무 생각 없이, 아무 갈등 없이 살기를 바랄수록 오히려 세상은 힘든 곳이 된다. 하지만 스스로 바뀌려 노력하고 부딪치며 성장한다면 보지 못하고 알지 못했던 세상이 나타날 것이다. 편하게 누워 TV를 보는 일차원적인 기쁨이 아니라 삶을 바꾸고 변화시키는 풍성한 기쁨을 누리길 바란다. 멈추지 말고 변합시다, 우리!

어떻게 살 것인가?

　　투자의 귀재 워런 버핏Warren Buffett과의 점심 식사에 거액을 지불한 사람들은 그에게서 무엇을 배웠을까? 버핏과의 점심시간 자선 경매 낙찰자는 7명을 더 초청해 뉴욕의 스테이크하우스에서 함께 식사할 수 있다. 해마다 세계 각지의 기업가와 투자자들이 그의 혜안을 얻고자 열띤 경쟁을 벌인다. 미국 경제 매체 CNBC는 버핏과의 점심 기회를 낙찰받은 미국의 전문 투자가가 그에게서 얻은 교훈을 3가지로 정리해 소개했다.

　　첫째, 매사에 진실하라. 이는 모든 일에서 가장 중요한 기본이다. 둘째, 아니라고 말하기를 어려워하지 마라. 원하는 방향으로 일을 끌고 나가려면 그만큼 많이 거절해야 한다. 일을 제대로 하려면 "아니요."라고 말한 뒤에 찾아오는 찰나의 불편함을 견딜 수 있어야 한다. 셋째, 좋아하는 일을 하라. 버핏은 4만 명이 모인 버크셔 해서웨이 주주총회에서도 사회로 진출할 젊은이들에게 정말 사랑하고 좋아하는 일을 찾아야 한다고 강조했다.

'어떻게 살아야 잘 사는 삶일까?' 하는 의문이 들 때가 있다. 답은 사람마다 다를 것이다. 각자 삶에서 원하는 것, 경험하는 것이 모두 다르기 때문이다. 누군가는 청년기의 핵심 과제가 평생 하고 싶은 일을 찾아 잘할 수 있는 준비를 하는 것이라고 말한다. 이는 우리 같은 직장인에게 더 필요한 생각이다.

우리 주변의 누군가는 직장을 다니면서 자신이 하고 싶은 일을 꾸준히 준비하고 있다. 안정적인 소득이 있을 때 평생 하고 싶은 일을 찾아 준비하는 것이 퇴사 준비의 첫걸음이다. 모든 사람은 자신이 원하는 대로 살 권리가 있다. 이제부터라도 남의 시선을 의식하지 말고 마음이 내는 소리에 귀 기울이면서 떳떳하게 권리를 행사해야 한다. 한 번뿐인 인생, 좋아하는 일을 하면서 기쁘게 살아야 하지 않을까?

스스로가 원하는 삶을 살아도 괜찮다. 부모님이 원하

는 삶, 사회가 전망 좋다고 인정하는 삶이 아니라 자신이 정말 살고 싶은 삶을 선택해도 괜찮다. 뜯어말리는 주변 사람들이 인생을 대신 살아 주지는 않는다. 용기가 부족한 마음이 '정말 그래도 돼?'라고 물으면 그래도 된다고 웃어 주자.

다만 선택에 따른 책임도 온전히 스스로 감당한다는 마음가짐은 필수다. 단단히 마음먹고 다른 사람의 목소리에 너무 신경 쓰지 말고 가슴이 하는 말을 따르자. 주변 사람들의 기대를 충족시키기 위한 인생이 아니라 정말 하고 싶은 일을 하는 용기가 여러분에게 깃들기를 응원한다.

나의 두 딸 또한 진정 하고 싶은 일을 찾게 되길 간절히 바란다. 풍부한 경험과 독서, 그리고 다양한 사람들과의 만남으로 자신의 길을 꼭 찾았으면 좋겠다. 좋아하는 일을 직업으로 삼는다면 그것만으로도 멋진 인생이 되지 않을까? 부모와는 다른 길을 선택하더라도 스스로 원하는 길을 간다면 쿨하게 응원하고 싶다. 부족하지만 그런 등대 같은 부모가 되고 싶다.

나만의 색깔을 만들자

대학 입시를 보면 의외로 많은 사람이 확고한 주관 없이 휩쓸려 다닌다. 대학 전공 선택은 인생에서 굉장히 중요한 결정이지만 스스로 정하지 못하고 남들을 따라간다. 한때〈파일럿〉이라는 드라마가 인기를 끌자 항공 관련 학과의 경쟁률이 치솟고,〈호텔리어〉라는 드라마가 화제가 되었을 때는 호텔경영학과에 관심이 쏟아졌다는 이야기를 듣고 깜짝 놀랐다.

지금 있는 직업 가운데 절반 정도가 10년 후에는 사라진다고 한다. 직업을 선택할 때 세상의 변화를 무시할 수는 없다. 하지만 화제가 되고 많은 사람이 몰려드는 분야라면 경쟁은 얼마나 치열할까? 나 말고도 그 일을 잘할 수 있는 사람이 또 얼마나 많이 모였을까?

따라가거나 휩쓸리지 않고 다른 사람과 구별되는 개성을 만들어야 한다. 나만의 특이점이나 강점을 찾아내 더욱 발전시켜야 한다. 만약 자신이 하고 싶은 분야가 경쟁이 치열한 곳이라면 남과 구별될 만큼 확실한 능력을 발휘할 수 있도록 노력해야 한다. 아무리 들여다보아도 자신에게는 남다른 무엇이 없다는 말은 거짓이다. 자세히 찾아보지 않았을 뿐이다. 남과 구별되는 관심, 남과 구별되는 열심, 남과 구별되는 정직 등 찾으면 있다. 누구나 남과 차별된 자신만의 무엇을 만들 수 있다.

지금부터 자신만의 색깔을 만드는 노력을 시작해 보자.

7.
카페가 좋은 이유

    직장인이 하루 중 대부분을 보내는 곳은 집과 사무실이다. 나 역시 여러분처럼 평일에는 사무실에서 보내는 시간이 가장 많다. 지금 하는 교육 업무는 창의성도 필요하지만 반복 업무도 상당히 많다. 좀 편하게 일하고자 하면 그럴 수도 있고, 반대로 어렵게 생각하면 이보다 힘든 일도 드물다. 편안함과 어려움 중 나의 선택은 후자다. 회사에 정년까지 다닌다면 편안함을 추구하겠지만, 이는 남북통일만큼 어려운 일이다. 그래서 지금도 내 경쟁력을 향상시키기 위해 아이디어와 창의성이 필요한 어려운 길을 가고 있다.

    그런데 가장 많은 시간을 보내는 사무실에서는 아이디어가 잘 안 떠오른다. 나만 그런가 싶어 강의 때마다 교육생들에게 아이디어가 잘 떠오르는 순간을 물어보았다. 대답은 다들 비슷했다. '커피 마실 때', '혼자 생각에 잠길 때', '독서할 때', '음악 들을 때', '출퇴근길 지하철에서' 등이었다. 그러고 보니 뉴턴Isaac Newton은 사과나무 밑에서 만유인력의 법칙을 생각해 냈고, 고대 수학자 아르키메데스Archimedes는 목욕탕에서 유레카를 외치지 않았던가. 재미있는 사실은 사무실에서 아이디어가 잘 떠오른다고 답변한 사람이 많지 않다는 점이다. 나의 직장 생활을 되돌아보아도 이는 명백한 사실이다. 일하는 사무실에서 아이디어가 떠오르지 않다니 참 이상한 일이다.

하지만 달리 생각하면 당연한 일이기도 하다. 보통 아이디어는 두 가지 조건이 충족되었을 때 잘 떠오른다고 한다. 첫째, 머릿속에 고민거리가 명확할 때다. 질문이 정확해야 정답을 찾을 수 있는 원리와 같다. 둘째, 머릿속에 불필요한 스트레스가 없을 때다. 뇌가 가장 싫어하는 상황이 바로 스트레스와 압박이다. 스트레스가 심하면 두뇌가 정상 기능을 발휘하기 어렵다. 그런 탓에 사무실에서는 아이디어가 떠오르지 않는 것이다.

나는 아이디어가 필요할 때 카페를 자주 활용한다. 나에게 카페란 스트레스와 압박에서 탈출할 수 있는 혁명적인(!) 공간이기 때문이다. 카페에 가 보면 혼자 시간을 보내는 사람들을 흔히 볼 수 있다. 나도 그들 중 한 명이다. 여러

해 전부터 카페에서 많은 아이디어를 얻고 있다. 아마 카페가 아니었다면 이 책도 탄생할 수 없었을 것이다. 박태현 작가가 『앞으로 뭐하고 살지?』라는 책에서 언급한 카페의 5가지 기능을 소개한다.

첫째, 카페는 휴식 공간이다. 편안히 이런저런 뉴스와 잡다한 이야기를 읽을 수 있다. 피곤하면 잠시 눈을 감고 휴식을 취할 수도 있다.

둘째, 카페는 독서실이다. 평소 바빠서 못 읽던 책을 한 권 집어 들고 카페에 들어가 편하게 앉아서 볼 수 있다. 배가 고프면 빵도 시켜 먹고, 지루해지면 멍하게 앉아 있다가 자세를 바꿔 다시 읽으면 된다. 여기에 적당한 온도 유지가 되니 책 읽기에 더없이 좋다.

셋째, 카페는 아이디어 창출의 공간이다. 혼자 고민거리를 가지고 이런저런 생각을 하며 정리하기에는 최고의 장소. 더 편안한 곳도 있겠지만 카페는 가깝고 언제든지 갈 수 있으며 메모지나 노트북에 직접 기록할 수 있다는 점에서 최강의 아이디어 친화적 공간이다. 아이디어는 카페의 만남에서 나올 수도 있다. 서로 심신이 편한 상태에서 대화를 나누다 보면 쉽게 합의점이나 아이디어에 도달할 수 있다.

넷째, 카페는 지식 정리의 공간이다. 카페에서 가장 흔히 보이는 장면은 노트북을 앞에 놓고 있는 사람들이다. 무언가를 골똘히 고민하다가 자신의 생각을 툭툭 쳐 넣는다. 또한 다양한 시험공부를 하는 사람들도 자주 볼 수 있다. 우리가 안다고 생각하는 지식의 대부분은 대개 불완전한 상태로 머릿속에 저장되어 있다. 이런 지식은 내용 자체의 완성도도 높지 않기 때문에 활용도가 크게 떨어진다. 카페에서 보내는 시간은 불완전한 지식을 보다 완전한 상태로 바꾸어 주는 효과가 크다.

마지막으로, 카페는 소통의 공간이다. 나는 최근에 집이라는 장소가 가족 대화에 적합하지 않다는 사실을 깨달았다. 늘 똑같은 환경에서는 색다르고 깊이 있는 대화가 나올 수 없기 때문이다. 더구나 집 안에는 우리 눈을 유혹하는 모니터가 너무나도 많다. 그래서 언제부턴가 가족 전체가 카페로 나들이를 가게 되었다. 각자 좋아하는 음료수와 빵을 시켜 놓고 서로를 바라보며 자연스럽게 대화를 이어 간다.

개성 있고 아늑한 카페를 찾으려면 발품을 들여야 한다. 집이나 회사 근처 골목을 누비다 보면 자신과 느낌이 통하는 곳을 만날 것이다. 카페에 들어서면 달콤하면서도 오묘한 원두 향기가 풍겨 온다. 코끝에 맺히는 향기에 몸은 나른해지고 머리는 가벼워진다.

커피값 몇천 원이 아깝다고 생각하지 말았으면 한다. 어쩌면 수십, 수백 배의 가치를 돌려줄 수도 있다. 나는 오늘도 퇴근길에 카페에 들러 1시간 정도 책을 읽으려고 한다. 향기로운 커피 향과 잔잔한 음악을 느끼며 생각을 정리하고 싶다. 나에게 오롯이 몰입할 수 있는 가장 좋은 공간이 바로 카페다. 마음에 쏙 드는 카페를 자신만의 아지트로 만들어 보자. 삶이 더욱 풍성해질 것이다.

Tip. 자신이 하고 싶은 일을 찾는 방법

인생에는 정답이 없다. 각자에게 맞는 다양한 해답만이 존재한다. 길지 않은 인생이지만 다양한 경험을 해 보니 좋아하는 일을 찾아야만 행복한 것도 아니라는 사실을 알게 되었다. 그러니 좋아하는 일을 찾지 못했다고 너무 슬퍼할 필요는 없다. 세상에는 좋아하는 일이 아니더라도 보람차고 즐거운 삶을 보내는 사람들이 있으니 말이다. 그래도 기왕이면 좋아하는 일을 찾는 게 낫다. "사랑하는 사람을 찾듯 사랑하는 일을 찾아라."라고 말한 스티브 잡스Steve Jobs는 자신이 하고 싶은 일을 찾는 방법을 5가지로 제시했다.

첫째, 경험 넓히기. 자신이 진짜 하고 싶은 일이 뭔지 모르겠다는 사람들이 있다. 이는 경험 부족에서 비롯되는 경우가 많다. 아는 일이 적으니 그중에서 하고 싶은 일을 찾게 될 확률도 적은 셈이다. 이럴 땐 집 밖으로 나와 여러 곳을 돌아다니며 다양한 경험을 쌓아야 한다.

둘째, 다양한 분야의 잡지나 책 읽기. 직접 경험은 다양한 간접 경험을 만나 더욱 풍성해진다. 잡지나 책은 단시간에 다양한 간접 경험을 하는 데 가장 효과적인 도구다. 경제, 패션, 운동 등 다양한 분야의 책을 통해 세상을 보는 안목을 기르는 것 또한 도움이 된다.

셋째, 목표를 구체적으로 기록하기. 영화나 TV 등을 보면서 '아, 저거 참 멋지군!' 하는 생각이 들면 자세히 조사해 본다. 직접 해 보거나 먼저 경험한 사람의 이야기를 들어 봐도 좋다. 조사한 내용을 구체적으로 기록하다 보면 그 일이 자신에게 맞는지 판단할 수 있다.

넷째, 자기 목소리에 집중하기. 남의 눈치는 그만 보고 자기 목소리에 집중해야 한다. 조건이나 환경, 재능 등을 따지지 말고 그저 내면의 목소리에만 집중해 자신의 진짜 욕구를 찾아보자.

다섯째, 무조건 실천하기. 사실 이 부분이 가장 중요하다. 자신이 원하는 일을 찾는 데는 작더라도 실천만 한 것이 없기 때문이다. 실천은 더 나은 아이디어의 바탕이 되기도 한다. 내 경험을 돌이켜 봐도 몸을 움직여야 머리가 잘 돌아갔다.

물론 잡스가 제시한 방법을 따른다 해도 당장 모든 문제가 해결되지는 않을 것이다. 이런 경우에는 질문을 조금 더 구체화하면 도움이 된다. '이상형 월드컵'을 이용하면 쉽게 할 수 있다.

이상형 월드컵이란 "이상형이 뭐예요?"라고 막연하게 묻는 대신 특색 있는 연예인 몇 명을 골라 비교해 가면서 이상형을 찾는 방식이다. 이 과정을 거치면 자신도 몰랐던 취향이 드러나기 마련이다.

하고 싶은 일을 찾을 때도 마찬가지다. '내가 진짜로 원하는 일이 무엇일까?' 하고 묻기보다 조금이라도 끌리는 일은 몽땅 적어 보자. 그리고 각각의 일에 마음에 드는 이유와 내키지 않는 이유를 적는다. 그다음 좋은 이유는 좋은 이유끼리, 나쁜 이유는 나쁜 이유끼리 토너먼트를 진행한다. 그렇게 좋은 이유 2가지와 나쁜 이유 2가지만을 남긴다. 마지막으로 처음에 적었던 직업군을 다시 꺼내 2가지 이유와 비교해 본다. 설령 딱 맞는 직업을 찾지 못하더라도 자신이 중요하게 생각하는 가치가 무엇인지는 조금 더 명확히 알 수 있을 것이다.

내 경우 일상생활과 조화되는 일, 전문성과 소득이 보장되는 일을 원했다. 반면 비윤리적인 일, 일상까지 삼켜 버릴 만큼 바쁜 일은 피하고 싶었다. 여러분도 이상형 월드컵을 통해 자신이 원하는 일과 피하는 일의 모습을 구체적으로 파악할 수 있을 것이다.

3

자산을 만들면
자신감이 생긴다

흔히 건물주는 건물주 자녀만이 될 수 있다고 한다. 부자는 되는 것이 아니라 타고난다는 뜻이다. 하지만 타고나지 않았는데도 부자가 된 사람들이 있다. 이른바 '자수성가형 부자'다. 이들은 어떻게 부자가 될 수 있었을까? 자수성가형 부자들의 공통점 3가지를 통해 성공 비법을 알아보자.

첫째, 자수성가형 부자들은 절약이 습관화되어 있다. 10원짜리 하나도 함부로 쓰지 않는다. 그렇다고 쓰지 않고 모으기만 하는 건 아니다. 자기만의 확실한 잣대를 가지고 꼭 필요한 곳에는 과감하게 쓰지만, 그렇지 않은 경우에는 자린고비처럼 절약한다.

둘째, 신용을 무엇보다도 중요하게 생각한다. 그들은 신용을 인간관계의 근간으로 여기기 때문에 성공할 수 있었다. 과거 개성상인들은 "돈에서 신용이 나는 것이 아니라 신용에서 돈이 난다."라는 말을 원칙으로 여기고 살았다고 한다. 이를 거래처와 고객에게는 서비스와 정직으로, 종업원들에게는 따뜻한 배려로, 기업이나 사회에는 투명 경영으로 확장해 적용할 수 있다.

셋째, 명확한 목표를 가지고 집중한다. 자수성가형 부자들은 명확한 목표를 세우고 모든 것을 집중시켜 달성했다. 여기저기 관심을 가지고 기웃거리면 에너지가 분산될 수밖에 없다. 당연히 집중도 또한 떨어진다. 목표가 정해지면 그것을 이루기 위해 자신의 전부를 쏟아부어야 최고의 성과를 얻을 수 있다.

자수성가형 부자들은 이런 특성을 시스템화해 실천하고 있다. '시스템'이란 규칙적으로 작용하는 방법이나 절차를 뜻한다. 예를 들어 매일 1만 보를 걷거나 가계부를 작성하기로 했다면 반드시 약속을 지켜 내는 것이 시스템화다. 이런 시스템화야말로 자신의 잠재력을 최대한 끌어낼 수 있는 최선의 방법이다.

시스템을 만드는 데는 돈이 들지 않는다. 대신 꾸준한 자기 관리가 필요하다. 자수성가형 부자들은 '오늘 일이 늦게 끝났으니 하루쯤 만 보 걷기를 건너뛰자'거나, '오늘은 피곤하니 가계부 적기는 하루만 미루자'와 같은 자기 변명을 절대로 하지 않는다. 물론 운동을 하루 건너뛰거나 가계부를 미룬다고 큰일이 벌어지지는 않는다. 하지만 시스템은 무너진다. 한 번 약속을 어기면 두 번, 세 번은 정말 쉽다. 그렇기 때문에 잠재력을 끌어내기 위해서는 철저한 자기 관리가 필요하다.

코로나 때문에 겪었던 마스크 대란도 마찬가지였다. 초기에는 시스템이 갖춰지지 않아 마스크 파는 곳을 알아내기도, 찾아가기도, 마스크를 구매하기도 어려웠다. 하지만 지금은 어떠한가? 체계화된 시스템 덕분에 원하는 장소에서 얼마든지 많은 물량을 구매할 수 있다. 이렇듯 초기에는 시행착오를 겪을 수 있지만 한번 시스템이 작동되면 모든 것이 물 흐르듯 자연스러워진다. 자산을 모으는 일도 마찬가지다. 처음에는 낯설고 어렵지만 시스템이 정착되면 자산 또한 꾸준히 증가한다.

자산과 부채를 정확히 이해하고 행동으로 옮기기만 하면 누구든 선순환의 시스템을 작동시킬 수 있다. 나는 벌써부터 시스템을 작동시키고 있다. 여러분도 준비가 되었다면 지금부터 시작해 보자.

1.
자산과 부채의 차이

　자산이 있어야 퇴사가 가능하다. 최근 들어 내가 강연에서 많이 하는 말이다. 만약 부자가 되고 싶다면, 아니 회사에서 나와 자유로운 일을 하고 싶다면 부지런히 자산을 구매해야 한다. 금융회사에서 20년 가까이 근무하면서 깨달은, 간단하지만 정말 중요한 사실이다. 경제적 자유를 원한다면 자산이 무엇인지 제대로 알고 쌓기만 하면 된다. 그런데 대다수는 정작 자산이 무엇인지 정확히 알지 못한다. 특히 부채와 헷갈리기 일쑤다. 때로는 부채를 자산으로 착각하기도 한다. 자산 증식의 첫걸음은 부채와 자산의 확실한 구별이다. 무엇이 자산인지 알아야 제대로 모을 수 있기 때문이다.

　자산과 부채의 차이를 살펴보기 전에 일단 사전은 치워 두자. 소위 '사전적 정의'는 자산과 부채를 구별하는 데 큰 도움이 안 된다. 수많은 교육을 하며 나름의 시행착오를 거친 끝에, 나는 자산과 부채를 다음과 같이 정의했다. 자산은 가지고 있으면 내 지갑에 돈을 넣어 주는 것, 부채는 가지고 있는 동안 지갑에서 돈을 빼 가는 것이다.

대표적인 자산은 부동산, 주식, (영업용)자동차 등이고 부채는 명품, (자가용)자동차 등이다. 부자는 대부분 자산을 모으지만, 서민은 부채를 늘리면서 자산이라고 착각하는 경우가 많다. 돈이 많고 적음의 문제만도 아니다. 상속이나 로또 당첨으로 벼락부자가 된 이들 중 상당수는 자산 대신 부채만 쌓다가 어려움에 처하기도 한다.

결국 중요한 것은 자산을 향한 현금흐름 패턴이다. 돈을 소비하거나 부채를 사들이는 대신 자산을 늘려 가는 패턴 말이다. 우리는 돈을 버는 일에 신경을 쓰느라 관리하는 데는 소홀하기 일쑤다. 돈을 버는 것만큼이나 관리하고, 보존하고, 돈이 나를 위해 일하도록 만드는 능력이 필요하다. 나는 이를 '자산관리 능력'이라고 부른다.

직장에서 일하며 자산을 만들자

보통 사람들은 막내가 독립을 하고 나서야 비로소 제대로 된 노후 계획을 세우지 못했다는 사실을 깨닫는다. 그제야 서둘러 돈을 모으기 시작하지만 조기 퇴직이 일상화되면서 이마저도 쉽지 않은 현실이다. 자산을 모을 시간은 부족하고 어떤 종류를 사야 할지도 고민이다.

　나는 지갑에 돈을 넣어 주는 대표적인 자산으로 부동산, 주식, 펀드를 추천한다. 실제 교육 과정에서도 이 셋을 집중적으로 소개한다. 다양한 자산 중 3가지를 선택한 이유는 무엇보다 내가 좋아하기 때문이다. 하루 종일 부동산이나 주식을 살펴보고 있어도 전혀 지루하지 않고 재미있다. 앞에서도 언급했지만 자신이 좋아하는 일을 해야 오랫동안 제대로 할 수 있다. 비단 나만 그런 것이 아니다. 내 교육을 듣고 자산관리에 뛰어든 사람들도 입을 모아 비슷한 말을 했다.

　나 또한 직장에서 일하면서 자산 만들기를 병행하고 있다. 나에게 자산관리는 회사 업무만큼 중요하다. 물론 업무 시간에는 회사 일에 충실하지만 말이다. 이런 시스템을 유지하기 위해 낮에는 직장을 다니면서 열심히 일을 하고, 일과 이후에는 자산관리를 위해 공부하고 있다.

나의 자산관리는 공부에서 그치지 않는다. 소득이 발생하면 계속 자산을 사들이고 관리한다. 이때 자산에 돈을 투입하면 특별한 일이 없는 이상 절대로 인출하지 않는다는 원칙을 지킨다. 구매한 자산은 나를 대신해 24시간 내내 일을 한다. 이 얼마나 수지맞는 거래인가? 하지만 자산에서 돈을 인출하는 순간 시스템은 무너지고 만다.

뉴스를 보면 서민 중 상당수가 부자처럼 보이고 싶어서 명품 시계나 가방, 고급 승용차를 카드나 대출로 구매한다고 한다. 그러면 표면상 부자처럼 보일지 몰라도 실제로는 빚만 늘어날 뿐이다. 반면 부자는 먼저 자산을 구매한다. 이후 자산에서 수입이 창출되기 시작하면 그제야 명품을 구매한다. 똑같은 물건을 사더라도 가난한 사람은 소비를 먼저 하고 부자는 자산을 먼저 구매한다는 차이가 있다. 즉, 부자는 자산을 먼저 구매하고 서민은 부채를 먼저 구매하는 셈이다. 이것이 부자와 서민의 결정적인 차이다.

명품 권하는 사회

대부분 명품 업체들은 한국 시장에서 가격을 줄기차게 인상하고 있다. 그럼에도 국내 소비자들의 명품 사랑은 식을 줄 모른다. 아니, 가격이 계속 오르니 오늘이 가장 싸다면서 오히려 소비가 늘어난다. 이른바 '베블런 효과•'로 수요가 줄지 않으니 명품 업체의 가격 인상은 지금도 계속되고 있다. 과거에는 부유층에 국한되었던 명품 사랑이 이제는 전 계층으로 확산되고 있다.

이제 명품 백은 직장 여성이라면 누구나 하나쯤 있는 필수 아이템으로 대중화되었다. 20~30만 원대 가방을 들고 다니기보다는 몇 달 치 용돈을 모아서, 혹은 할부로 수백만 원대 가방을 사고 더 큰 만족을 느낀다. 명품 소비 계층은 직장인에서부터 20대 대학생, 부모님 카드를 들고 백화점 명품관을 찾는 10대까지 다양해졌다.

과거의 젊은 세대는 고가 제품을 충분한 여유가 생긴 후에 사는 것이라고 생각했다. 하지만 지금의 젊은 세대는 몇 달 치 월급을 모아서라도 원하는 물건을 사고야 만다. 자신을 위해 특별한 것을 꼭 사겠다는 '포미For-me족'이 많아진 영향이다. 이처럼 요즘 세대는 자신을 중시하는 듯하지만 실제로는 남의 시선을 의식하면서 유행을 좇는다. 남들이 다 가지고 있으니 나도 하나쯤 있어야 한다는 과거의 체면 문화와 결코 다르지 않다.

• 가격이 올라도 과시욕이나 허영심 때문에 수요가 줄어들지 않는 현상

명품 브랜드가 틈새 시장까지 깊숙이 침투하면서 소품 영역에서도 새로운 소비 양극화가 진행되고 있다. 스트레스로 공허해진 마음을 채울 수 있으면서도 가격이 부담스럽지 않은 스몰 플렉스FLEX• 시장에 명품 업체들이 적극 진출했다. 작은 물건 하나라도 비싼 수입 제품을 쓰려는 풍조가 대중화된 영향이다.

'스몰 럭셔리'란 자동차, 의류, 가방 등 대형 사치품이 아닌 화장품이나 식료품 등 상대적으로 가격이 낮은 사치품을 말한다. 수입차나 가방 등 고가 제품을 살 여유가 없는 사람도 기분 전환용으로 작지만 비싼 소품을 사는 경우가 흔해졌다. 특히 불황기에 스트레스 해소를 위해 스몰 럭셔리를 구입하는 경우가 많다.

하지만 이런 흐름에 휘둘려서는 절대 자산을 축적할 수 없다. 구매 기준을 '타인의 시선'에서 '나의 필요와 실용성'으로 바꿔야 한다. 자산을 만들기 위해서는 당연하게도 종잣돈이 있어야 하기 때문이다. "그곳에 투자하면 돈이 되는 것은 알지만, 돈이 없는데 어떻게 해야 하나요?"라고 묻

• 밀레니얼 세대 사이에서 '돈 자랑을 하다', '일시에 많은 돈을 쓰다'는 뜻으로 사용되는 신조어

는 사람이 많다. 대답은 간단하다. 남들 눈을 의식한 과시성 소비를 없애고 그 돈을 모으면 된다. 금수저가 아닌 직장인이라면 종잣돈은 무조건 모아야 한다. 안 먹고 안 입고 안 쓰고 죽기 살기로 모으는 방법 외에는 없다.

스마트폰을 수시로 바꾸는 자칭 얼리 어답터, 유명 맛집을 찾아다니는 미슐랭급의 식객, 외제차나 명품 백으로 자신을 드러내는 사람을 주변에서 자주 볼 수 있다. 그들은 항상 이렇게 말한다. "돈이 돈을 버는 것은 알지만 투자할 자금이 없다." 이래서는 절대로 종잣돈을 모을 수 없다. 평범한 직장인에게는 인내와 절약만이 유일한 종잣돈 마련 방법이다. 이것이 핵심이다. 종잣돈을 모으지 못하면 부자가 되는 길은 시작조차 할 수 없기 때문이다.

지금은 부자가 된 직장인들 또한 처음에는 아끼고 아껴 종잣돈을 마련해 부동산이나 주식을 구매했다. 이후 자산가치가 상승해서 현재의 부를 누리고 있는 것이다. 그들은 투자로 돈을 버는 속도가 노동보다 빠르다는 사실을 잘 알고 있다. 결국 부자가 되는 관건은 종잣돈 마련에 달려 있다. 지금이라도 종잣돈을 마련할 확신이 섰다면 이미 절반은 성공이다. 이제는 행동으로 옮기는 실천만이 남아 있다. 실패를 두려워하지 마라. 누구나 성공을 위해서는 실패를 경험해야 한다. 처음에는 작게 시작해서 서서히 규모를 늘려 나가면 된다. 시행착오를 겪다 보면 좋은 자산을 분별하는 안목이 생길 것이다.

나 역시 여러 차례 실패를 경험했다. 우리나라에서 제일 큰 증권사 중 하나인 ○증권 금융전문가의 조언에 따라 브라질 채권에 투자한 적이 있다. 높은 금리와 비과세 혜택에다 6개월마다 이자까지 지급된다는 설명에 정확한 수익 구조도 파악하지 않고 묻지 마 투자를 했다.

결과는 참담했다. 가장 중요한 '환율'을 간과한 것이 패착이었다. 브라질 헤알화 환율이 큰 폭으로 떨어지면서 만기에 채권 투자액을 돌려받을 때 큰 손실을 입었다. 브라질 채권 같은 해외 투자 시 환율의 안정성을 반드시 고려해야 한다는 기본 원칙을 어긴 탓이다.

하지만 덕분에 더 좋은 자산을 알아보는 안목이 생겼다. 여러분도 실패를 두려워하지 말고 지금 당장 시작해 보자. 주변 금융전문가의 조언을 구하거나 학원이나 책 등 스스로 할 수 있는 일을 찾아보고 당장 행동에 옮기자.

직장인이 경제적 자유를 얻는 시스템

우리 사회를 둘로 나누는 기준은 다양하다. 사용자와

노동자, 생산자와 소비자, 임대인과 임차인, 채권자와 채무자…. 나는 여기에 한 가지를 더 추가하고 싶다. 바로 '나 대신 돈을 벌어 주는 자산'을 기준으로 하는 분류다. 그러면 '자본을 이용하는 사람'과 '자본에 종속된 사람'으로 구분할 수 있다. 둘 중 어느 위치에 있느냐에 따라 인생이 달라진다. 이것이 자본주의 체제의 적나라한 현실이다.

부자들이 소유한 자산은 크게 사업과 투자의 두 가지 형태를 취하고 있다. 큰 부자는 대부분 사업가다. 좋은 사업체를 가진 사람은 그 자체가 돈을 벌어 주는 자산이므로 사업을 잘 키우는 일에 집중하면 된다. 하지만 사업체 소유가 어려운 직장인에겐 투자가 적합하다. 앞서 말한 부동산이나 주식, 펀드 등에 투자해서 고정적인 현금흐름이나 장기적인 시세 차익 시스템을 만들어야 한다.

자본주의 사회에서는 노동보다 자산에서 얻는 소득이 더 크다. 돈이 돈을 버는 속도가 일해서 버는 것보다 더 빠르기 때문이다. 그러니 최대한 빨리 돈이 돈을 버는 시스템을 만들어야 한다. 얼른 자산을 이용하는 쪽으로 자신의 위치를 옮겨야 한다는 뜻이다.

일부 금수저를 제외하고 대부분 직장인은 자신의 노동력으로 경제 활동을 하며 근로소득을 올린다. 하지만 부자가 되려면 근로소득뿐만 아니라 자산소득까지 만들어야 한다. 궁극적으로는 자산에서 발생하는 소득만으로 충분한 생활이 가능한 구조를 구축해야 한다. 이것이 바로 직장인이 경제적 자유를 얻을 수 있는, 실현 가능한 시스템이다.

알리바바 그룹의 창업자인 마윈馬雲 | Ma Yun | Jack Ma은 이런 말을 했다.

세상에서 가장 일하기 힘든 사람은 가난한 사람이다. 자유를 주면 함정이라고 얘기하고, 작은 비즈니스를 얘기하면 돈을 못 번다 하고, 큰 비즈니스를 얘기하면 돈이 없다고 한다. 새로운 일을 시도하자고 하면 경험이 없다고 하고, 전통적인 비즈니스라고 하면 어렵다고 하고, 새로운 비즈니스 모델이라고 하면 다단계라고 손사래를 친다. 상점을 같이 운영하자고 하면 자유롭지 못하다 하고, 신규 사업을 하자고 하면 전문가가 없다고 말한다. 그들에게는 공통점이 있다. 구글이나 포털 사이트에 물어보길 좋아하고, 희망 없는 친구에게 의견 묻는 것을 좋아한다. 또한 대학교수보다 많은 생각을 하지만 장님보다 적은 일을 한다. 그들에게 물어보라! 도대체 할 수 있는 일이 무엇인지…. 그들은 대답할 수 없다.

내 결론은 이렇다. 당신의 심장이 뛰는 속도보다 빠르게 행동하고, 무언가를 생각해 보는 대신 그냥 해라! 가난한 사람은 공통적으로 한 가지 행동 때문에 실패한다. 바로 기다림이다. 그들의 인생은 기다리다가 끝이 난다. 그렇다면 현재 당신에게 물어보라. 당신은 가난한 사람인가?

마치 젊은 시절의 나에게 하는 이야기 같다. 그 시절을 돌이켜 보면 경제적 상황보다는 생각 자체가 가난했다. 누구보다 안전을 중시하며 무언가를 결정하기 전에 많은 생각을 했다. 결국 포기했던 일도 많다. 주변 사람보다 빨리 집과 자동차를 구입했고, 어느 정도 여유도 있었기에 늘 만족하며 살았다. 하지만 지금의 나는 그 당시의 내가 안타깝다.

젊었을 때 더 많이 행동했어야 했다. 직장 생활을 하고 있었으니 대출을 두려워하지 말고 자산에 투자했다면 아주 여유로운 삶을 누리고 있을 것이다. 그랬다면 더 많은 경험도 쌓지 않았을까?

지금은 가난했던 마음을 버리고 행동하고 있다. 철저한 분석으로 두려움을 이겨 내고 있다. 이젠 마윈의 물음에 자신 있게 답할 수 있다. 나는 더 이상 가난한 사람이 아니다.

2.
진짜 돈, 주식과 부동산

금 본위 화폐제도가 폐지되면서 정부는 금이 없어도 돈을 찍어 낼 수 있게 되었다. 금융위기 때 보았듯이 정부는 경제에 위험이 닥치면 천문학적인 돈을 찍어 낸다. 지금과 같은 코로나 팬데믹pandemic 상황에서도 마찬가지다. 우리나라뿐만 아니라 전 세계가 그렇다. 돈을 마구 찍어 내면 화폐 가치가 떨어져 인플레이션이 일어나기 쉽다. 이때는 돈을 빌린 사람이 이득을 본다. 돈의 가치가 높은 시점에 빌려서 가치가 떨어진 미래에 갚으면 되니 앉아서 돈을 버는 셈이다.

이런 시스템을 이용해 돈을 벌 수 있는 대표적 투자 상품이 부동산과 주식이다. 돈을 빌려서 실물자산인 부동산에 투자하면 시간이 지날수록 부동산 가격은 오르고 빚의 가치는 떨어지기 때문이다. 이것이 투자의 핵심이다. 주변에 열심히 저축해 충분한 돈을 모아 집을 사겠다는 사람이 간혹 있다. 이런 생각을 하는 지인을 보면 마음이 아프다. 자본주의에서는 도저히 불가능한 일이기 때문이다. 거북이처럼 착실하게 돈을 모으는 동안 집값은 토끼처럼 멀리 달아나 버린다. 주식도 마찬가지다.

장기적인 측면에서 보면 주식과 부동산의 투자 수익률이 예금 이자율보다 분명히 높다. 그런데도 사람들은 왜 주식과 부동산에 투자하지 못할까? 바로 손실의 두려움 때문이다. 사람은 손실을 회피하려는 경향이 이익을 추구하는 경향보다 훨씬 강하다. 학자들은 손실의 고통이 이익의 기쁨보다 2.5배 정도 크다고 추정한다.

이렇듯 투자를 보는 관점은 이성보다 감성이 지배하는 영역이다. 감성에 기반한 '손실 회피성'을 극복해야 부자가 될 수 있다. 투자를 두려워하면 부자가 되기 어렵다. 부자가 되는 비결은 저축해서 종잣돈을 만들어 투자하는 데 있다고 했다. 저축하고 투자하고, 저축하고 투자하고, 이렇게 지루한 반복이 부자로 가는 길이다. 하지만 여전히 많은 사람이 안전한 저축에만 매달려 있다. 고소득 전문직 일부를 제외하고는 저축으로 부자가 되기는커녕 집 한 채 사기도 버겁다.

그럼 빚을 내서 아파트에 투자하면 실패할 확률이 없을까? 장기적으로 보면 그렇다고 생각한다. 지금까지 그래 왔고 앞으로도 그럴 것이다. 단, 한 가지 주의사항이 있다. 자산 가격의 사이클을 고려해야 한다는 점이다. 부동산이나 주식 같은 자산 가격은 직선으로 오르거나 내리지 않고 상승과 하락을 반복하면서 우상향하는 패턴을 보인다. 그래서 자신이 감당할 수 있는 수준 이상의 빚을 얻어 투자하면 굉장히 위험하다. 만약 과도하게 빚을 내 투자를 하다가 하락 사이클에 맞닥뜨리면 큰 어려움이 발생할 수 있다. 자신이 감내할 수 있는 범위 내에서 장기 투자를 해야 한다. 당장은 내리더라도 버티면 결국 저축보다 훨씬 더 큰 이익을 볼 수 있을 것이다.

지금까지 그래 왔듯 앞으로도 화폐 가치는 떨어질 것이다. 반면 실물자산인 부동산과 주식 가격은 계속 상승할 것이다. 물론 4차 산업 혁명과 코로나로 비대면 시대가 빨리 도래하면서 부동산이 과거만큼 중요하지 않을 수도 있다. 따라서 이전 같은 폭등은 어렵겠지만, 그래도 현재의 화폐 시스템하에서 오를 것은 명확하다.

그렇다면 우리는 어떻게 대응해야 할까? 페이크 머니(가짜 돈)인 화폐보다는 리얼 머니(진짜 돈)를 보유해야 한다.

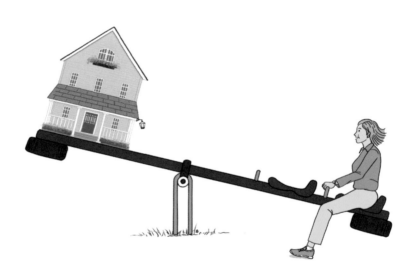

바로 부동산과 주식이다. 자산 상승 사이클을 주목하고 하락할 때는 과감하게 투자해야 한다. 주식이나 부동산 같은 자산은 상승과 하락을 반복하지만 결국은 우상향한다. 그러므로 하락하는 시기에 과감하게 빚을 내 투자하면 효과적으로 재산을 늘릴 수 있다. 감당할 수 있는 수준의 대출은 부자 직장인의 좋은 동반자라고 할 만하다.

로또 1등 당첨이 되더라도

물론 부담이 없으면서도 천문학적인 수익률(?)을 자랑하는 투자도 있다. 우리나라 국민 대부분이 사랑하는 로또가 그렇다. 하지만 약 814만 분의 1을 뚫고 로또 1등에 당첨된 사람들의 말로를 보면 그리 안전한 투자 같지는 않다. 로또 1등 당첨 가능성은 벼락을 두 번 맞을 확률보다 낮은 반면 이후의 파산 확률은 매우 높은 것으로 나타났다.

뉴욕대 로스쿨 조사에 의하면 로또 1등 당첨자의 파산 확률은 3분의 1에 이른다고 한다. 또한 UC 버클리의 심리학자 캐머런 앤더슨Cameron Anderson 교수는 갑자기 불어난 재산이 주는 행복감은 고작 9개월 동안만 지속될 뿐이라고 지적했다. 로또 1등 당첨이 영원한 행복을 약속하는 듯하지만 실제 삶은 그렇지 않다는 얘기다.

심지어 복권 당첨은 이웃집의 재무 건전성을 악화시킬 수도 있다고 한다. 월스트리트저널에 따르면 대형 복권에 당첨된 사람 인근의 가계 파산율은 다른 지역보다 더 높았다. 근처에서 복권 당첨을 목격하면 소비를 늘려야 한다는 압박이 커지기 때문이다. 평범한 이웃은 부자가 된 로또 당첨자를 과시적 소비로 따라잡으려 하고 결국 재정적 고통이나 파산으로 이어진다. 이웃보다 가난하다고 느끼면 과시를 위해 더 많은 돈을 소비하고, 이를 위해 빚을 내다 결국 파산하는 셈이다.

요컨대 로또 1등의 행복은 오래가지 않으며 파산 확률도 꽤 높을 뿐 아니라 이웃에게도 해롭다. 이렇게 보면 로또 당첨이 부럽기만 한 것은 아니다. 그러니 로또 1등이라는 한탕을 노리기보다는 차근차근 돈을 모아 적절한 행복을 누리는 삶이 현명한 선택이다. 그런데 만약 로또 당첨자와 이웃들이 평소 자산과 부채의 개념을 명확하게 이해하고 있었다면 결과가 달라지지 않았을까? 다시 한번 경제 교육의 중요성을 되새기게 된다.

3.
아빠, 주식 사 주세요

예전에는 열심히 일해서 번 소득만이 자신의 재산이었다. 하지만 현재는 이자소득, 배당소득, 사업소득, 근로소득, 연금소득, 기타소득 등 굉장히 다양하다. 그런데 왜 학교에서는 다음 세대에게 노동으로 얻는 소득만을 가르치는지 모르겠다. 이런 문제 의식을 오랜 시간 간직해 왔고 변화를 기다렸지만 여전히 그대로인 듯하다.

그래서 일단 나부터 바뀌기로 했다. 앞서 언급했듯이 첫째 딸은 학원을 다니지 않는다. 공부는 재미없고 친구들과 뛰어놀고 싶다기에 아내와 상의해 영어 학원, 학습지 등을 모두 끊었다. 지금은 본인이 좋아하는 골프 연습장만 다니고 있다. 레슨비 포함 월 20만 원이 우리 집 사교육비의 전부다. 기존에 지출하던 사교육비를 모아 절반은 외국에서 1달 살기 준비 자금, 절반은 주식 매수에 사용하고 있다.

대신 매주 1권씩 책을 읽고 감상문을 쓰게 한다. 처음에는 어린이 위인전부터 시작해 최근에는 어렵지 않은 성인용 도서로 범위를 넓혔다. 첫 번째 책은 메리츠자산운용의 존 리 대표가 쓴 『엄마, 주식 사주세요』다. 재미난 것은 사교육비를 줄여 주식에 투자하라는 대목에 딸이 적극 공감한다는 점이다. 책에 나온 내용을 본인이 직접 실천하고 있으니 읽는 속도가 점점 빨라진다.

여러분은 일 년 중 어떤 달을 가장 좋아하는가? 우리 딸들은 4월을 제일 좋아한다. 자신이 보유하고 있는 주식에서 배당금이 나오는 달이기 때문이다. 그 돈으로 가장 좋아하는 여행을 가고 남은 돈은 주식을 추가 매입한다. 대견하다. 첫째 교육을 그렇게 시켰더니 9살 둘째도 언니를 따라 하고 있다. 내가 볼 때 둘 다 굶어 죽지는 않을 것 같다.

나중에 어느 정도 자금이 모이면 베트남에 데려가 부동산 구매 방법을 가르쳐 줄 계획이다. 주식의 배당금처럼 부동산에서는 임대소득이 발생한다는 점을 알려 주고 싶어서다. 추가로 세금 관련 내용도 설명해 주려 한다. 부동산이 싫다면 베트남 주식 또한 좋은 투자처이기 때문에 걱정 없다. 빈그룹, 마산그룹, 비나밀크 같은 베트남 회사들도 설명해 주고 본인 스스로 투자처를 결정하게 해 주고 싶다. 그것마저 별로라면 펀드라는 간접투자 상품도 있다.

학교 공부도 중요하지만 경제 교육은 더 중요하다고 생각한다. 현실에서는 경제 교육이 제대로 이루어지지 않기에 직접 가르치고 있다. 그동안 로또에 당첨되었지만 오히려 전보다 못한 삶을 살아가는 사람을 너무나 많이 보았다. 자산관리 방법을 배우지 못했기 때문이다. 일확천금을 맛본 사람은 대부분 고급 차를 가장 먼저 산다고 한다. 내가 생각하는 부채 1순위가 바로 고급 차다. 우리 딸들이 로또에 당첨된다면 어떤 선택을 할까? 자신 있게 답할 수 있다. 딸들은 주식이나 부동산을 먼저 구매할 것이다.

주식투자의 원칙

주식투자는 오랜 시간을 두고 해야 한다. 대신 미루지 말고 지금 당장 시작하자. 부자가 된 사람들은 생각을 즉시 행동으로 옮긴다는 공통점이 있다. 지금까지 주식시장은 장기적으로 상승해 왔다. 주식투자는 이런 사실을 전제로 좋은 기업의 동업자가 되는 일이다. 개인적으로 존경하는 메리츠자산운용의 존 리 대표가 항상 이야기하는 '주식투자의 3가지 원칙'만 지킨다면 누구나 성공할 수 있다. 그 내용은 다음과 같다.

첫째, 여유 자금으로 투자하자.

주식에 대한 철학이 확고한 사람은 과소비를 하지 않는다. 소비를 투자로 바꾸었을 때 얻을 열매의 달콤함을 알기 때문이다. 부자처럼 보이려고 명품 백이나 외제차를 사는 사람과 여유 자금을 투자하는 사람 간에는 부의 차이가 갈수록 크게 나타난다. 여유 자금이 많지 않아도 상관 없다. 주식은 부동산과 달리 큰 자금이 없어도 MTS(모바일 트레이딩 시스템)에서 간편하게 살 수 있다. 적은 돈이라도 증권 계좌에 입금해 두고 조금씩 모아 보자. 가게에서 물건을 사듯 일상적으로 주식을 사면 된다.

여유 자금으로 주식을 투자하라는 이유는 주가를 단기적으로 예측하기가 불가능하기 때문이다. 여유 자금으로 투자해야만 원치 않는 시점에 주식을 팔지 않을 수 있다. 주식은 소유하고 싶어서 사야 한다. 나는 주식이 쇼핑보다 훨씬 재미있다. 좋은 회사의 주식은 오랜 시간이 지나면 반드시 오르기 때문이다.

둘째, 분산 투자 하자.

모든 투자에는 위험이 따른다. 주식이라고 예외일 수는 없다. 그럼에도 주식투자를 해야 하는 이유는 평범한 사람이 부자가 될 수 있는 몇 안 되는 방법이기 때문이다. 다만 위험을 완화시킬 장치를 충분히 마련해 둘 필요가 있다. 가장 좋은 방법은 '분산 투자'인데 그 기준은 다음과 같이 나눌 수 있다.

㉠ 업종 분산: 주가의 등락 시점을 예측할 수 없듯이 어떤 업종이 상승하고 하락할지도 정확히 알 수 없다. 그러니 업종 분산이 필요하다. 잘 알려진 짚신 장수, 나막신 장수 이야기가 대표적인 업종 분산의 예다.

㉡ 지역 분산: 한국뿐 아니라 다른 나라 주식에도 투자해 위험을 분산하는 방법이다. 최근에는 해외 주식투자가 대중화되어 대부분 국내 증권사에서도 거래할 수 있다. 해외 기업을 분석하기 어렵다면 해외에 투자하는 펀드에 가입하는 방법도 좋다. 만약 주식이 낯설다면 해외 투자 방법으로 펀드를 권하고 싶다.

㉢ 시간 분산: 목돈을 한 번에 투자하지 않고 매월 적립식으로 투자한다. 주가에 상관없이 정해진 시기에 일정 금액만큼 매수한다는 규칙을 지켜야 한다. 더욱이 시간 분산은 가능하면 빠를수록 유리하다. 장기 투자 효과를 톡톡히 누릴 수 있기 때문이다.

셋째, 오랫동안 보유하자.

기업은 열심히 일해 이윤을 남겨 성장해 간다. 주식 또한 장기 성장의 열매를 거둬들이려면 오래 가지고 있어야 한다. 또한 주가는 복리로 움직인다. 주식 가격은 보통 상승만 하거나 하락만 하지는 않는다. 등락을 반복하면서 오랜 시간에 걸쳐 상승한다. 그러므로 주식투자에서 복리의 마법을 누리려면 가능한 장기간 투자해야 한다.

워런 버핏이 버크셔 해서웨이 주주들에게 보내는 편지에도 같은 내용이 나온다. "어떤 주식을 10년 동안 소유하지 않을 생각이라면 단 10분도 가질 생각을 하지 마십시오." 세계 최고의 투자가인 워런 버핏도 이 원칙을 지금까지 지키고 있다. 우리나라와 미국 주식시장의 상황은 다르지만 기본 원칙은 같다.

나 역시 3가지 원칙을 지키며 주식투자를 하고 있다. 여유 자금으로 10~15개 종목에 분산하여 장기 투자를 한다. 현재 보유 중인 주식 계좌는 2개다. 하나는 5년 이상 보유한 주식들만 담겨 있는 장기 투자용이고 다른 하나는 단기 투자용이다. 단기 투자 계좌에는 전체 주식의 20%만 있고 나머지 80%는 장기 투자 계좌에 들어 있다.

어느 계좌가 더 높은 수익을 올렸을까? 주식투자를 시작한 지 15년이 지난 지금, 여러분의 상상이 정답이다. 덕분에 나는 3가지 원칙을 더욱 신뢰하게 되었다.

　　세계적으로 유명한 투자가라고 해서 우리가 모르는 특별한 시장을 알고 있는 것이 아니다. 물론 운용하는 자금 규모가 비교할 수 없을 만큼 크고, 다양한 경험을 가진 전문가들이 투자 결정에 도움을 주기는 한다. 하지만 유명 투자가라 하더라도 성공 여부는 위의 3가지 원칙을 얼마나 잘 지키는지에 달려 있지 않을까? 좋은 기업을 잘 선택하여, 여유 자금으로 꾸준히 주식을 사 모으고, 기업에 이변이 없는 한 오래도록 보유해야 큰 수익을 거둘 수 있다는 원칙 말이다. "주식은 사고파는 것이 아니라 모으는 것이다." 존 리 대표의 말이 귓가를 맴돈다.

4.
혁신 기업이 몰리는 도시 아파트에 투자하자

기술 혁신은 지역 간 격차를 벌리는 요인이다. 혁신은 공장을 자동화한다. 로봇이나 기계가 노동자를 대체하니 시간이 갈수록 제조업에 종사하는 노동자 비율이 줄어든다. 또한 기술 혁신은 제조업의 경제 비중까지 떨어뜨린다. 이런 현상은 우리나라도 마찬가지다. 첨단 제품인 반도체조차 해마다 비중이 줄어드는 실정이다. 따라서 기술 혁신이 일어날수록 제조업 도시는 쇠퇴하는 아이러니가 발생한다.

혁신 기업의 성공 요인은 창의적인 아이디어를 만들어낼 수 있는 인적 자원에 있다. 따라서 인재가 몰려 있는 곳에 혁신 기업이 위치하기 마련이다. 혁신 기업이 생기는 도시는 번성하고 발전한다. 그렇다면 뛰어난 인재들이 특정 지역과 도시로 몰려드는 이유는 무엇일까? 인재는 뭉칠수록 더 큰 힘을 발휘하기 때문이다. 혁신을 주도하는 인재는 다른 사람에게 배우고 아이디어를 얻는 데 주저함이 없다. 따라서 인재가 모일수록 새로운 아이디어나 혁신이 생겨나기 쉬워진다. 혁신 기업이 주도하는 도시에 좋은 대학교와 연구 기관이 자리하고 있는 점만 봐도 알 수 있는 사실이다.

인재들이 모여드는 도시는 일자리를 쉽게 구할 수 있고 아이를 키우기에도 좋다. 편의 시설도 많고 좋은 짝을 만나기에도 유리하다. 덕분에 기업과 인재가 더욱 몰린다. 그러니 이런 도시는 발전할 수밖에 없다.

이런 사실을 부동산 투자에 활용한다면 몇 가지 시사점을 얻을 수 있다.

첫째, 서울 등 대도시의 중심지에는 IT, 금융, 바이오, 문화 콘텐츠와 같은 혁신 기업이 자리 잡아 향후 부동산 전망이 밝다. 서울에는 좋은 대학과 혁신 기업이 많이 몰려 있다. 그들이 필요로 하는 인적 자원도 풍부하다. 그래서 우리나라에서 가장 강력한 경쟁력을 가지고 있는 서울이 제일 좋은 투자처다. 강남이면 더 좋겠지만 경제적인 이유로 어렵다면 경기도보다는 '인 서울In Seoul'을 선택하자.

둘째, 지방 대도시 중에서는 부산을 추천한다. 도시가 번성하려면 혁신 기업에 필요한 인재들이 살기 좋아야 한다. 거주 환경이 쾌적하고 대학교, 병원, 문화 인프라 등이

서울 다음으로 잘 갖춰진 곳이기 때문이다. 또한 주택구입 부담지수와 미래 공급(인허가, 착공물량), 지역별 현금부자(10억 이상 금융자산 보유자)등을 고려한 결과도 부산이 유망하다는 결론이 나온다. 특히 천혜의 자연환경을 가지고 있는 해안가 지역이나 좋은 학교와 학원이 많은 곳을 추천한다. 서울보다 저평가된 지역이 많으니 발품만 들인다면 좋은 투자처를 발굴할 수 있을 것이다.

앞으로 부동산 양극화는 더욱 심해질 것이다. 특히 아파트는 거주민의 소득 수준에 따라 가격이 결정된다. 거주민의 소득이 양극화되고 있으니 고소득자가 거주하는 지역의 아파트 시세는 계속 오를 것이다. 부동산에 투자하려면 이런 양극화 흐름에 편승하는 것이 유리하다. 전 세계를 보더라도 슈퍼스타 도시가 가격 상승을 주도하고, 그 지역 내에서도 양극화가 발생하고 있다. 부동산에 투자하려면 지방이나 변두리보다는 부자들이 사는 중심지가 좋은 선택이다.

문제는 좋은 곳이 너무 비싸다는 점이다. 그렇다고 손을 놓고 기다릴 수만은 없다. 돈이 부족해도 투자는 해야 한다. 가장 현실적인 대안은 부자 지역 인근을 노리는 방법이다. 돈이 부족해도 부자 근처까지는 가야 한다는 뜻이다. 부동산 투자의 중요한 원리 중 하나가 바로 '부자 지역과의 근접도'이다.

우리나라 도시 간 불평등은 시간이 지날수록 심화될 것이다. 개인적으로 도시 간 불평등을 원하지도 않고 바람직하다고 생각하지도 않는다. 하지만 세상은 늘 바람과는 관계없이 흘러간다. 분명한 점은 돈을 벌고 싶다면 혁신 기업이 주도하는 대도시에 투자해야 한다는 사실이다. 그런 곳은 일자리가 증가하고 인구가 늘어남에 따라 주택 수요가 증가해 가격 또한 상승하기 때문이다. 대도시 중에서도 가능하면 가장 인기 있는 지역, 어렵다면 최소한 인근 지역에라도 투자하기를 추천한다.

부동산 스터디에서 배우다

부동산 투자는 요즘 말 그대로 '핫 이슈'다. 최근 몇 년 사이 아파트 가격이 폭등했기 때문이다. 덕분에 부동산은 대한민국에서 가장 확실한 투자처가 되었지만 공부하지 않는 사람에게까지 밝은 미래를 보장하지는 않는다. 더구나 지난 수년간 많이 올라 버린 집값, 강력한 금융규제, 여러 차례 발표된 부동산 정책 등에 따라 앞으로 시장이 어떻게 움직일지 판단하기 어려운 시점이다. 이런 상황은 위기일 수도 있지만 달리 보면 기회일 수도 있다. 이제 서울과 수도권 주요 지역은 '피(프리미엄)를 주고도 못 사는' 부동산 규제 지역이 되어 버렸다. 쉽지 않은 상황에서 기회를 잡아야만 하는 직장인들은 어디서부터 어떻게 시작해야 할지 막막하다.

이런 상황을 돌파하고자 최근 한 부동산 스터디에 참가했다. 한의사, 주부, 공무원, 회사원, 대학생 등 총 10명으로 구성된 소규모 스터디였다. 처음에는 내가 막내가 아닐까 생각했는데 실제 참가해 보니 40대 이상보다는 20~30대가 더 많았다. 스터디를 운영하는 소장님은 "올 들어 30대뿐 아니라 20대 가입자도 크게 늘었다."라고 말했다.

주로 혼자 공부하고 투자하다 벽에 부딪혀 가입하는 경우가 많다고 한다. 스터디는 4주간 주말마다 부동산 대책을 분석하거나 지역별 투자 유망 지역을 함께 살펴보는 식으로 진행되었다. 다 같이 임장(현장답사)을 가기도 하고 자신만의 투자처 정보를 공유하기도 했다. 스터디 멤버 절반 이상이 내 집 마련을 꿈꾸는 20~30대라고 하니 부동산이 대세이긴 한가 보다. 그중 일부 사례를 공유한다.

대학 졸업반 김OO 씨의 주말 생활 패턴은 올 들어 180도 달라졌다. 직장을 다니는 여자 친구의 권유로 부동산 스터디에 참여하면서부터다. 토요일 오후 스터디 멤버들과 한 주 동안 각자 조사해 온 관심 지역을 분석하고 내용을 공유한다. 그리고 특정 지역을 정해 강사, 스터디 멤버와 함께 임장을 다녀온다. '부린이'(부동산과 어린이의 합성어로 초보 부동산 투자자를 뜻함)인데다 모아 둔 돈도 적어 우선은 관련 지식과 경험을 쌓는 데 집중하고 있다.

그러다 최근 몇 개월 새 부동산 가격이 폭등하면서 내 집을 빨리 마련해야겠다는 생각이 들어 여자 친구가 아파트 청약을 신청했다. 결과는 당첨! 스터디 멤버들 모두 진심으로 축하를 했다. 여기서 그치지 않고 아파트 신규 분양권을 초기에 매수하는 등 커플은 발군의 부동산 실력을 뽐내는 중이다. 나이는 어리지만 대견하다. 부동산에 빨리 뛰어들어서가 아니라 열심히 긍정적으로 살아가는 모습이 보기 좋다.

짧은 시간이지만 스터디 멤버들과 많은 정이 쌓였다.

참 좋은 분들이다. 스터디가 끝난 뒤에도 매달 1회씩 만남을 이어 가고 있다. 한 달 동안 조사한 부동산과 여러 정보 등을 공유하며 서로의 부족함을 채워 주고 있다. 나는 사실 바쁘다는 핑계로 도움을 주기보다는 많이 받고 있다. 언젠가 기회가 된다면 그들과 부동산 책을 출간하고 싶다. 서로의 경험이 합쳐진다면 누구나 공감할 수 있는 책이 탄생하지 않을까? 우연히 참석한 스터디에서 또 하나의 버킷 리스트가 탄생한 셈이다. 평생을 공부하고 싶은 부동산과 좋은 사람들, 두 마리 토끼를 한 번에 잡는 행운을 만끽하고 있다.

5.
베트남에서 부동산 투자를 시작하다

시간만 허락하면 해외여행을 자주 가려고 한다. 세상은 넓고 할 일은 많은데 우리나라에서만 평생을 보낸다고 생각하니 너무 억울해서다. 그래서 할인 항공권이나 초특가 패키지 상품이 뜨면 바로 예약한다. 일단 저지르고 본다. 짧게는 1박 2일에서 길게는 열흘 정도까지 소요된다. 부산에서 배로 1시간밖에 걸리지 않는 대마도부터 북미까지 여러 나라를 경험했다. 그중 가장 매력적인 곳은 베트남이었다. 이유는 다음 세 가지가 풍부하기 때문이다.

첫째, 베트남에는 젊고 활기찬 노동력이 풍부하다. 현재 베트남 인구의 65%가 30세 이하다. 게다가 사회주의 의무 교육 덕분에 문맹률도 낮다. 새로운 기회를 찾는 젊고 풍부한 노동력이 지방에서 도시로 유입되어 직원을 구하기가 용이할 뿐만 아니라 노동 탄력성도 높다. 인력이 많이 필요한 사업이라도 비교적 인건비 부담 없이 시작할 수 있다. 젊고 풍부한 노동력은 그 자체만으로 훌륭한 사업 자원이다. 이들이 앞으로 소비력까지 갖춘다면 베트남 경제는 새로운 기회의 시장이 될 것이다.

둘째, 신용보다 현금이 많다. 베트남은 현금 경제다. 2014년 세계은행 자료에 따르면 만 15세 이상 베트남인 중 통장을 개설한 사람은 31%에 불과하다. 최근 들어 신용카드 사용이 늘어나는 추세이기는 하지만 여전히 지불 수단의 90% 이상은 현금이다. 요즘 세상에 보기 드문 일이다. 베트남은 우리나라처럼 현금에서 신용카드를 거쳐 핀테크로 가지 않고, 현금에서 바로 핀테크로 이동할 수도 있다. 실제로 은행 통장은 없지만 스마트폰은 모두가 들고 다니는 베트남 상황은 핀테크 회사가 발 빠르게 성장할 수 있는 좋은 환경이다. 우리가 경험하지 못한 발전 모습을 관심 있게 살펴보면 여러 가지 흥미로운 기회가 생길 수 있다.

셋째, 인구의 절반이 오토바이를 탄다. 베트남 사람들은 대부분 오토바이를 소유하고 있다. 베트남 인구가 약 1억 명이니 오토바이는 약 5천만 대에 이른다는 얘기다. 하노이나 호치민의 거리를 가득 메운 오토바이 행렬은 꽤나 인상적이다. 오토바이가 일상이다 보니 그와 연계된 소비

문화 또한 독특하다. 예컨대 오토바이 운전자가 이용하기 편하도록 길거리 상점이 발달했고, 기업의 사은품도 로고가 새겨진 오토바이 헬멧이나 마스크가 많다. 높은 오토바이 보급률을 배송 등 모빌리티 사업의 인프라로 보면 새로운 기회가 열릴 것이다. 만약 베트남에서 새로운 기회를 찾고 싶다면 베트남 인구의 절반이 오토바이 보유자라는 사실을 잊지 말자.

젊은 노동력, 현금, 오토바이라는 삼다三多를 가진 국가가 바로 베트남이다. 이를 활용한 사업 기회는 실로 무궁무진하다. 사업이 아니더라도 분명히 투자할 만한 가치가 있다. 더구나 베트남은 사람들이 참 좋다. 한번은 그랩Grab('우버'와 유사한 차량 공유 서비스)을 이용해 이동하다가 부주의로 지갑을 잃어버린 적이 있다. 언어가 잘 통하지 않아 포기하려다가 마침 도착한 가게에 한국말을 할 줄 아는 종업원이 있어 도움을 청했다. 그랬더니 본인이 선뜻 그랩에 연락해 보겠다고 했다. 10분이 지난 후 바닥에 떨어진 지갑을 찾았다는 기사의 연락을 받았다. 30분쯤 지난 후에는 내가 있는 곳으로 지갑을 가져다주기까지 했다. 지갑 안에는 신분증과 꽤 많은 현금이 그대로 들어 있었다. 이런 친절과 순수함이 베트남을 더욱 가깝게 느껴지도록 만들었다.

내가 베트남 부동산에 투자한 이유

최근 베트남 부동산 시장이 뜨겁다. 호치민에서는 이미 2016년부터 A급 상업용 오피스의 공급 부족 상태가 지속되고 있으며 임대료도 꾸준히 오르고 있다. 2017년에는 아파트 판매량이 전년 대비 44% 늘었다. 사빌스Savills 같은 부동산 전문 컨설팅 업체들은 베트남 대도시 부동산이 향후 수년간 연평균 약 8~10%의 견고한 상승을 이어 갈 것이라고 예상한다. 베트남 부동산 호황의 배경으로는 매년 6% 이상의 지속적인 경제 성장, 꾸준히 유입되는 외국인 직접 투자, 도시 거주 인구의 증가, 개인 소득과 함께 늘어난 가처분 소득, 유망한 미래 경제 전망 등이 꼽힌다.

지금부터는 베트남, 특히 하노이의 주거 부동산 상황을 간략히 점검하고 앞으로의 전망을 살펴보자. 현재 베트남에서는 상업용 오피스뿐 아니라 주거용 부동산도 호황이다. 소득이 늘어나고 핵가족화가 진행되면서 독립한 젊은이들이 서구형 주거 환경에 관심을 갖기 시작했기 때문이다. 해외 투자자와 비엣큐(해외 거주 베트남인)의 적극 투자도 호황을 부추기고 있다. 최근에는 우리나라뿐만 아니라 중국 투자자들도 베트남 부동산에 뭉칫돈을 뿌리고 있다는 소식이다.

또한 공급 측면에서는 베트남 정부가 현재 30% 중반인 도시화율을 40% 수준으로 올릴 계획이다. 따라서 향후 도시 거주 인구는 약 3,500만 명까지 증가할 것으로 전망된다. 이를 위해 베트남에서는 매년 여의도 크기 32배 정도(100㎢)의 신규 주택 부지가 필요할 것으로 예측하고 있다. 따라서 베트남 정부는 부동산 개발 회사들에게 더 많은 토지를 분양할 계획이다. 그래서인지 베트남에 가 보면 여기저기 공사하는 장면을 자주 목격할 수 있다.

  더불어 금융시장도 커지고 다양한 투자자가 참여하면서 부동산 개발사의 자금 조달 방식도 다변화하고 있다. 은행에만 의존하던 부동산 개발사가 이제는 주식시장과 채권시장에서도 자금을 조달하기 시작했다. 최근에는 '베트남의 삼성'이라 불리는 빈그룹의 부동산 개발 자회사인 빈홈스가 싱가포르 투자청GIC에서 1조 5천억 원 상당의 투자를 유치하면서 화제가 되기도 했다. 또한 내국인의 주거용 부동산 수요를 충족하기 위한 금융 여건도 개선되고 있다. 2011년 17%나 되던 모기지론의 이자율이 2017년에는 7%대로 낮아져 내국인 실수요자의 자금 조달 부담이 줄어들었다.

  2015년 7월부터는 외국인의 베트남 부동산 매입이 허용되면서 해외 투자자들의 뜨거운 관심을 불러일으켰다. 베트남 통계청에 따르면 2017년 부동산 시장에 약 3조 원의 외국 자본이 유입되었다. 그중에는 나와 친구들의 투자금도 포함되어 있다. 하지만 해외 투자자는 아파트 전체 물량의 30% 이하만 소유할 수 있어 공급은 제한적이다.(베트남의 아파트 분양은 전체 단지가 아니라 동 단위로 이루어진다.) 즉, 아직은 신규 아파트의 70%를 내국인과 비엣큐 투자자가 소화하고 있는 셈이다.

1억 명의 인구와 평균 연령 29.9세, 도시화율 35.7%에 더해 건설 및 부동산 산업이 성장하고 있는 나라. 이런 베트남에서도 투자에 더 적합한 지역이 있다. 베트남의 대표적인 두 도시, 바로 하노이와 호치민이다. 흔히 정치와 행정 수도는 하노이, 경제 수도는 호치민이라고 한다. 지금은 하노이가 호치민에 비해 약 5년 정도 발전이 뒤처져 있지만 머지않아 역전될 것으로 보인다. 하노이는 베트남 전쟁에서 승리한 북베트남의 수도였기 때문이다.

우리나라로 치면 6.25 전쟁에서 북한이 승리해 수도가 평양이 된 셈이다. 지금까지는 호치민이 더 발달했지만 갈수록 격차는 줄어들고 어느 시점에서는 역전될 것이다. 현재 박린성, 하이퐁 등 북부 지역에 삼성, LG 등 우리나라 대기업들이 많은 투자를 하고 있다. 이렇듯 북부 지역 개발에 따라 하노이와 인근 지역의 발전이 더욱 가속화할 것이라는 판단이다.

나는 퇴사 이후에 겨울마다 매력적인 베트남에서 머무르며 지금까지와는 다른 패턴의 삶을 살고 싶다. 이를 위해 우리 가족이 살 수 있는 아파트를 알아보고 베트남어를 공부하며 베트남 친구를 만들려고 한다. 베트남 덕분에 은퇴 후 삶이 더욱 윤택해질 것 같다. 지금은 코로나 때문에 자주 갈 수 없어 안타까운 마음을 글로 대신해 본다. I love Vietnam!

베트남 부동산 투자, 이렇게 해 보자

이토록 매력적인 베트남 부동산 투자 정보는 어디에서 얻을 수 있을까? 최근에는 다양한 채널에서 정보를 접할 수 있는데 대표적인 곳이 유튜브다. '베트남 부동산'을 검색하면 관련 채널을 쉽게 찾아볼 수 있다. 그중에는 베트남 현지에 있는 한국인이 운영하는 채널도 여럿 있다.

30~40대 직장인 중에는 유튜브와 커뮤니티 등을 통해 베트남 부동산 정보를 수집하고 휴가를 이용해 직접 투자 여행을 다녀오는 경우도 많다. 이런 수요가 늘면서 베트남 투자 여행 패키지 상품이 나왔을 정도다. 보통 3박 4일

일정에 150~200만 원 정도의 비용으로 현지 은행 계좌 개설, 주요 단지 모델하우스 투어, 부동산 현장 답사 등의 코스가 포함되어 있다.

패키지여행 상품이 아니더라도 베트남 현지에서 한국인이 운영하는 부동산을 이용하면 해당 지역의 상세한 설명을 듣고 모델하우스나 아파트 현장 등을 둘러볼 수 있다. 우리 부부 역시 얼마 전 하노이에 있는 현지 부동산을 통해 지역 설명과 더불어 모델하우스 방문, 아파트 현장 답사 등의 서비스를 무료로 제공받았다. 손품, 발품을 조금만 들이면 지역의 상세한 정보뿐 아니라 다양한 무료 서비스를 제공받을 수 있으니 꼭 한번 실천해 보기 바란다.

개인적으로는 반드시 두 곳 이상의 부동산을 방문하라고 권한다. 일부 부동산은 자신에게 유리한 물건만 추천하는 경우가 종종 있기 때문이다. 가능하면 현지인이 운영하는 부동산(한국어가 가능한 현지인이 꽤 있다.)과 한국인이 운영하는 부동산을 함께 방문해 크로스 체크를 해 보자. 현지인과 한국인이 바라보는 아파트의 기준이 다르고 지역 선호도에도 차이가 있기 때문에 양쪽을 비교해 보면 꽤 도움이 된다.

다만 우리나라와 마찬가지로 베트남 또한 투자 시 유

의해야 할 사항이 많다. 우선 베트남에서는 외국인이 토지를 소유할 수 없다. 대신 일정 기한 동안 재산권을 인정해 주고 토지 사용권을 부여받는다. 이는 가족에게 상속하거나 제3자에게 양도할 수도 있다. 앞서 언급했듯 아파트는 최대 30%까지만 외국인 투자가 허용되는 점과 아파트 전체가 아닌 동 단위로 분양되는 점도 주의해야 한다. 또한 안보나 국방 관련 부동산은 외국인 매매가 불가능하니 미리 확인할 필요가 있다. 관련 법률 또한 수시로 개정되니 늘 신경 써야 한다.

세금 문제도 잘 들여다봐야 한다. 베트남에는 양도소득세가 없지만 양도가액의 2% 정도를 거래세로 내야 한다. 또한 한국에서도 별도의 양도소득세를 내야 한다. 가령 아파트를 처분하고 양도세가 100만 원이 나왔을 경우에 베트남에서 20만 원의 거래세를 냈다면 한국에서 나머지 80만 원을 내는 식이다. 하지만 이런 세세한 부분들은 기본적으로 부동산에서 다 설명해 주기 때문에 크게 걱정하지 않아도 된다.

베트남 부동산은 가격 상승세가 기대된다는 점에서 매력적인 투자처다. 다만 투자금 회수에 시간이 걸릴 수 있기 때문에 본인의 자금 상황을 고려해 신중하게 투자해야 한다. 나는 다행히 이런 사항을 모두 고려해 투자했기에 마음이 편하다. 한국에서 10년 정도를 내다보고 재개발 물건에 투자한 듯한 기분이다. 앞으로 어떤 결과가 나올지 모르겠지만 또 하나의 세상을 알게 된 것만으로도 충분한 가치가 있다.

6.
책 쓰기로 지적재산권을 만들자

평소 자기계발 서적을 쓰고 싶다는 막연한 소망은 있었지만 현실적으로 가능하리라고는 전혀 생각하지 못했다. 이유를 추려 보면 크게 4가지다.

첫째, 평범한 직장인이 자기계발과 자산관리에 관련된 메시지를 언급하는 것이 맞을까 하는 고민이 있었다. 둘째, 나의 경험을 책으로 읽어 줄 사람이 있을 것이라 생각하지 못했다. 셋째, 책으로 표현할 만큼 내가 가진 지식과 정보가 풍부하지 않다고 생각했다. 넷째, 모든 직장인이 그렇듯 나 또한 글을 쓸 시간이 절대적으로 부족했다.

종합하면 결국 나에게는 '책을 내는 것에 대한 두려움'이 있었던 것 같다. 주변을 보면 글이나 책을 쓰고 싶어 하는 사람이 꽤 있다. 하지만 아쉽게도 욕구가 실천으로 연결되는 경우는 드물다. 마음먹고 컴퓨터 앞에 앉더라도 어떻게 시작할지 막막하기만 하다.

하지만 자신의 경험을 글로 적는다면 쉽게 시작할 수 있다. 잘 아는 내용이니 따로 자료를 수집할 필요도 없다. 간혹 필요한 정보가 있으면 인터넷 검색을 활용하면 된다. 아니면 그냥 생각나는 대로 적어도 된다. 이런 글쓰기는 쉽고 재미있어서 일상에도 변화를 불러온다. 결과와 평가에서 벗어나니 순수한 글쓰기의 맛을 느낄 수 있다. 이 책도 그렇게 시작되었다.

책을 쓰는 일은 아주 큰 인생 사건이다. 글을 책으로 펴내는 일은 인생의 활력소가 되고 표현할 수 없는 쾌감을 준다. 이런 느낌이 나를 다시 움직이게 만든다. 흔히 이야기하는 선순환이다. 부족하지만 나처럼 평범한 직장인도 시도했다. 여러 번 어려움이 닥쳤지만 그만두지 않았다. 포기하지 않으면 성공할 수 있다는 믿음을 다시 한번 되새긴다.

좋아하는 일을 또 다른 직업으로 만들다

누구나 하는 고민이지만 나 또한 훌륭한 인생을 살고 싶다. 어떻게 사는 삶이 훌륭할까? 일단 잠정 결론을 내렸다. 하고 싶어서 마음이 설레는 일을 하자. 그 일을 열정적으로 남들보다 잘하자. 그리고 그걸로 먹고살자. 이런 삶이 성공한 인생이라 스스로 정의했다.

그래서 하고 싶은 일이 무엇인지 고민했다. 한참을 생각해 보니 '책을 읽고 글을 쓰면 어떨까?' 하는 물음이 생겼다. 잘하는지는 모르겠지만 글을 쓰다 보면 가끔 시간 가는 줄 모른다. 무엇보다 주변에 구애받지 않고 정보를 남들과 나누는 일이 재미있다. 이를 밑천 삼아 죽을 때까지 책을 읽고 글을 쓰면서 살아 보자. 그렇게 생각하니 마음이 설렜다.

인생의 성공은 멀리 있지 않다. 좋아하는 일을 직업으로 삼고, 그것을 남들만큼 잘하고, 그 일로 밥을 먹고살면 최소한 절반은 성공한 인생이 아닐까? 그러니 먼저 자신이 무엇을 좋아하는지 알아야 한다. 끝없는 경쟁 속에서 살아야 하지만 즐기면서 임한다면 승패에 관계없이 행복할 수 있다.

퇴직 후에는 어떻게 살아야 할지 항상 고민한다. 베이비부머 세대의 끝자락인 나는 수능 1세대로 우리나라 교육 제도의 마루타(?) 역할을 했다. 대학 졸업 직후에는 IMF 금융위기를 만났지만 군 장교로 생활하며 취업난을 비껴간 행운아였다. 돌이켜 보면 20~30대에 참 많은 일을 했다. 정말 열심히 살았다.

퇴직 후에는 잘 놀 작정이다. 그래서 무엇을 할 때 즐거운지, 내 삶의 재미는 어디에서 오는지 등을 살펴보고 있다. 그중 하나가 바로 책이다. 책과 영화를 좋아하지만 감히 작가를 꿈꾸지는 못했다. 하지만 책은 꼭 쓰고 싶었다. 그래서 부족하지만 끈기를 믿고 시작했다. 다른 이의 시선보다는 하고 싶은 일을 하는 삶을 살고 싶었기 때문이다.

눈앞의 연봉이 아니라 진정 원하는 일을 추구해야 가슴에서 우러나오는 노력을 다할 수 있다. 작가! 내가 정말 이루고 싶은 또 다른 직업이다. 좋아하는 일을 하면서 근로소득 외의 수입을 창출할 수 있으니 이보다 더 좋은 일이 있을까?

7.
보장성보험과 은퇴자산의 중요성

각종 질병과 사고, 코로나19에 기후 위기까지 들이닥친 21세기, 전 세계는 가히 '위험 사회'라 불릴 만하다. 이런 상황에서 안전하고 건강하게 살기 위해 노력하지만 누구도 앞날을 장담할 수 없다. 혹시나 가장에게 불행이 닥친다면 남은 가족도 무사할 수 없다. 그래도 가족들의 2차 피해를 막을 방법은 있다. 바로 보장성보험 가입이다. 대부분 보장성보험은 나이가 들수록 보험료가 올라가니 가능하면 한 살이라도 젊을 때 가입하는 것이 좋다.

가장 기본적인 보장성보험은 4가지 정도로 요약된다. 가장의 사망에 대비하는 종신보험, 암 발병에 대비하는 암보험, 국민건강보험을 보완해 주는 의료실비보험, 장기요양보험을 보충해 주는 장기간병보험(치매보험) 등이다.

추가로 노후자산 준비도 중요하다. 평균 수명이 늘어

나는 고령화 시대에는 누가 얼마나 오래 살지 알 수 없다. 예컨대 자신의 수명을 85세 정도로 예상하고 노후 준비를 했는데 95세까지 살게 된다면 예상보다 길어진 10년 동안 훨씬 어려운 생활을 할 수밖에 없다. 이런 까닭에 선진국에서는 장수 리스크를 '준비한 재산보다 더 오래 사는 위험'이라고 정의한다. 은퇴 후에 연금과 재산을 소진하고도 더 오래 생존한다면 본인도 고생이고 자녀와 주변 사람에게도 부담이 된다. 장수 리스크를 방지하려면 효과적인 자산 준비 전략을 수립해야 한다.

첫째, 기대수명보다 더 길게 노후 준비를 한다. 통계청이 작성한 생명표에 나오는 기대수명은 기존 통계를 바탕으로 앞으로 몇 년 동안 더 살지를 추정한 자료다. 하지만 기대수명은 매년 빠르게 증가하고 있기 때문에 기존 정보를 그대로 적용하면 곤란하다. 수명 증가 속도를 충분히 반영해서 현재 기대수명보다 5~10년 정도는 길게 잡아야 장수 리스크를 방지할 수 있다.

둘째, 종신형 연금을 선택하면 도움이 된다. 수명이 얼마나 더 길어질지 모르는 상황이라면 아예 영원히 살 것처럼 준비하면 된다. 즉, 죽을 때까지 생활비가 끊어지지 않도록 종신형 연금으로 대비한다. 참고로 종신형 연금은 생명보험사에서만 판매하는 상품이다.

셋째, 은퇴 후에도 위험자산 투자를 완전히 그만둬서는 안 된다. 부동산이나 주식, 채권, 실물자산 등에 어느 정도 투자를 이어 가야 한다. 물가 상승률을 반영하지 못하는 연금상품으로만 살아가기에는 노후가 너무나 길기 때문이다.

축구에 공격수와 수비수가 모두 필요하듯 자산도 마찬가지다. 부동산과 주식이 공격수 역할을 한다면 보장성보험과 (종신)연금은 수비수 역할을 한다. 공격수만 있는 축구는 화려할 수 있지만 결코 경기에서 이길 수 없다. 수비만 하는 축구도 승리를 장담하기 어렵다. 자산관리도 공격과 수비가 조화를 이루어야 인생이라는 경기에서 이길 수 있다.

그러니 은퇴 후에도 투자 의사 결정을 내릴 수 있는 판단력과 건강 상태가 유지된다면 위험자산을 전체 금융자산의 20~30% 정도로 관리할 필요가 있다. 위험자산의 투자 비중은 자신의 성향을 감안해서 결정하면 된다.

10년 소득 절벽을 버텨 내는 가교연금

일반적인 퇴직 연령은 50~55세 전후다. 이때부터 국민연금을 받기 시작하는 65세까지를 앞서 언급했듯 '소득 크레바스', 혹은 '소득 절벽'이라 부른다. 가교연금이란 소득 절벽 구간을 안전하게 건널 수 있는 다리가 되어 주는 연금 상품을 뜻한다. 퇴직연금이나 개인연금을 조정하면 가교연금으로 활용할 수 있다.

퇴직연금을 가교연금으로 활용하려면 수익률을 높이도록 자산 운용 방법을 변경해야 한다. 지금처럼 원금 보장형에만 투자하면 저금리 때문에 수익률이 낮아질 수밖에 없다. 가능하면 국내외 주식과 채권 투자를 늘리고 투자 대상을 다양화해서 수익률을 높인다. 그러면서 퇴직연금을 일시금이 아니라 연금으로 수령하면 된다. 이때 연금 수령 기간을 소득 절벽에 맞추면 훌륭한 가교연금이 된다. 예를 들어 55세에 퇴직한 직장인이 65세에 국민연금을 수령할 때까지 10년 동안을 퇴직연금 수령 기간으로 설정하는 식이다.

퇴직연금을 개인연금과 함께 활용하면 더 효율적이다. 예를 들어 퇴직연금의 절반은 목적 자금이나 노후 생활에 사용하고, 나머지는 10년 지급 기간을 가진 확정연금으로 수령한다. 그러면서 추가로 가입한 개인연금을 10년으로 나누어 받는다. 이렇게 하면 10년간의 소득 절벽을 어렵지 않게 넘길 수 있다. 또한 확정된 기간에만 연금을 받으면 연금액은 커지지만 노후 생활비 부족에 시달릴 가능성이 있으니 확정연금과 종신연금을 적절히 배분해 수령한다. 나 역시 이런 이유로 개인연금을 여러 개 가입했다.

초저금리 시대에 은퇴자금을 마련하려면 하루라도 빨리 시작하는 방법이 가장 효과적이다. 우선 주변 전문가에게 조언을 구해 보자. 빨리 시작하는 사람이 그만큼 더 여유롭다.

돈과 행복

따지고 보면 돈이란 종이 쪼가리에 불과하다. 마음이나 영혼과는 비교할 수도 없다. 하지만 자본주의 사회에서 이 종이 쪼가리 없이 살 수 있는 사람은 아무도 없다. 대부분 사람들은 일을 하며 돈을 번다. 지식이나 능력이 뛰어나다고 자부하는 사람일지라도 일정한 직업이 없다면 열등감을 가지지 않을 수 없다. 반대로 일정한 직업을 가진 사람은 일이 없는 사람을 보며 우월감을 느낀다. 심하면 낙오자로 보기도 한다.

일자리를 잃으면 한동안 빚을 내서라도 살 수는 있다. 하지만 생활이 즐거울 리 없고, 또 언제까지 계속될 수도 없다. 당장 밥값을 빌려야 할 처지가 되면 인생이 허망하게 느꺼져 다시 시작하려는 의욕마저 꺾일 수 있다. 자존심을 가진 사람에게 돈이 없다는 현실은 견딜 수 없는 고통이다.

절망의 구렁텅이에 빠진 사람에게 남는 건 시간밖에 없다. 여러 가지를 궁리한 끝에 먼 곳까지 일자리를 줄 만한 사람을 만나러 간다. 하지만 한발 늦어 다른 이에게 넘어갔다는 대답을 듣거나 거절을 당한다. 그러다 간신히 얻은 일자리가 고정 급여도 없는 영업직이다. 처지를 동정해 사 주는 사람 말고는 아무도 거들떠보지 않을 물건을 파는 일이다. 결국 단념하고 집으로 돌아온다.

이제 더 이상 가 볼 만한 곳도 없지만 집에서 마냥 놀고 있을 수도 없는 처량한 신세다. 등산을 가거나 끝없이 걸을 뿐이다. 살 물건도 없는데 시장을 가고, 책 읽을 생각도 없으면서 도서관에 간다. 앉을 수 있는 책상과 벤치가 목적지다. 한동안 걸터앉아 쉬어 본다. 그렇게 앉아 있다가 다시 걷기 시작한다. 깨닫고 있는지 모르지만 옛날의 나는 그곳에 없다. 절망감을 감출 수가 없다.

시장 상인이나 회사원이 바쁘게 일하는 모습을 진심으로 부러워하며 바라볼 뿐이다. 그런 사람들과 비교하니 지금 자신의 모습이 얼마나 초라한지 깨닫는다. 운 좋게 다시 한번 일어선다 해도 그때까지는 긴 절망의 시간을 보내야 한다.

　이런 불행은 통장에 꼬박꼬박 들어오던 월급이 끊겼다는 불안에서 시작된다. 처음에는 재취업할 자리를 알아보지만 소득이 없다는 두려움에 쫓긴다. 섣불리 창업이나 투자에 나섰다가 돈을 날리는 일이 다반사다. 특히 조기 퇴직자는 정년보다 몇 년 앞서 회사를 나오는 대신 위로금을 두둑이 받는다. 하지만 이들의 목돈은 고수익 투자 미끼를 던지는 금융 사기꾼들의 표적이 되기 쉽다.

　돈은 이토록 삶에 큰 영향을 끼친다. 얼마 되지 않지만 안정된 수입만 보장된다면 다시 원래의 모습을 찾을 수 있다. 내가 자산의 필요성을 그토록 강조한 이유다.

Tip. 셀프 진단, '부자지수' 계산하기

'부자富者지수'란 어떤 사람이 장차 부자가 될 가능성을 나타
내는 수치다. 미국 조지아 주립대 토머스 스탠리Thomas J. Stanley
박사가 고안해 자신의 저서 『이웃집 백만장자』에 실었다. 이를 이
용하면 본인의 재테크 수준과 소비 습관을 동년배와 비교해 점검
할 수 있다. 공식은 간단하다. 자신의 순자산에 10을 곱하고, 이를
자신의 나이에 연간 총소득을 곱한 값으로 나눈 뒤 100을 곱하면
된다.

부자지수(%) = (순자산 × 10) / (나이 × 연간 총소득) × 100

맞벌이 가정이라면 나이는 부부의 평균으로 하고 연간 총소
득은 부부 합산으로 계산한다. 부자지수의 결과를 보는 방법은 다
음과 같다.

50% 이하: 재테크에 문제가 있는 상태다.

51~100%: 평균 수준이지만 노력이 필요하다.

101~200%: 동년배에 비해 재테크를 잘하는 편에 속한다.

201% 이상: 재테크를 아주 잘하고 있다.

예를 들어 연간 총소득 3,000만 원이고 순자산이 5,000만 원인 30세 직장인의 부자지수를 계산해 보면 55%가 나온다. 이는 51~100% 구간에 해당하므로 지금보다 좀 더 노력이 필요한 상태로 해석된다.

물론 이 수치를 맹신할 수는 없다. 사람마다 직업, 소득, 상속 재산 등 상황이 다르기 때문이다. 하지만 부자지수는 수입이 아무리 많아도 모아 둔 자산이 없으면 낮게 나올 수밖에 없다는 점에서 현재 재정 상태를 판단하는 기준으로 활용해 볼 만한 공식이다. 나는 현재 기준(맞벌이)의 순자산과 연간 총소득으로 계산을 해 봤더니 156%가 나왔다. 부자지수 기준으로 보면 양호한 상태이고 재테크 중수와 고수 사이라고 할 수 있다. 물론 여기에 만족하지 않고 더 높은 수준으로 끌어올릴 생각이다.

그렇다면 부자지수를 높이기 위해서는 어떻게 해야 할까? 방법은 다음과 같다.

첫째, 하루빨리 재테크를 시작한다. 나이가 어릴수록 분모가 작아지니 결괏값은 상승한다.

둘째, 소득 상승뿐만 아니라 지출 감소에도 신경 쓴다. 소득이 아무리 많아도 지출이 더 크다면 부자지수는 낮게 나온다.

셋째, 순자산이 많을수록 지수가 높다. 순자산을 늘리기 위해 노력한다.

매달 하면 큰 차이가 없겠지만 1년에 한 번씩 계산해 본다면 자신의 재테크가 올바른 방향으로 가고 있는지, 재산 증식은 잘되는지를 확인하는 데 도움이 될 것이다.

미래의 경제적 자유를 얻으려면 자산관리는 필수다. 그런데 다이어트를 너무 심하게 하면 어느 순간 폭식 욕구를 막을 수 없듯이, 갑자기 소비를 줄이면 유혹을 못 이기고 오히려 더 과소비를 하게 된다. 그러니 점진적인 노력이 중요하다. 오늘부터 매일 조금씩 자산은 늘리고 지출은 줄여 보자. 자산을 만들면 자신감이 생긴다.

4

실행을 해야
결과가 나온다

나에게 1억만 있다면, 누군가 1억만 준다면 떼돈을 벌 수 있을 텐데…. 재테크를 하다 보면 누구나 이런 생각이 들 때가 있다. 하지만 마음가짐을 바꿔야 한다. '1억만 있다면 떼돈을 벌 수 있다. 그러니 스스로 얼른 1억을 만들자!'라고 말이다. 물론 맨손으로 시작해 1억을 만들기가 쉬운 일은 아니다. 하지만 피나는 고생과 노력으로 일정 수준에 오르면 알 수 없는 시너지 효과가 나타난다.

자신의 분야에서 성공을 거둔 사람이라면, 아니 어떤 일이든 조그만 성취감을 느껴 본 사람이라면 이 말에 수긍할 것이다. 하지만 그 수준에 오르기까지 몇 번이나 위기가 찾아온다. 이때 힘들거나 두렵다고 포기해서는 안 된다. 어려움에 부딪히면 오히려 철저히 즐길 수 있어야 한다. 어려움이 주는 좌절과 고통을 딛고 일어서야만 한 단계 올라설 수 있다.

물론 노력한다고 해서 누구나 성공하는 것은 아니다. 한 사람이 성공하는 동안 9명, 아니 99명은 실패한다. 실패한 이들의 목소리는 작아서 들리지 않을 뿐이다. 성공 확률을 높이려면 철저한 준비가 필요하다. 하지만 그보다 중요한 점은 일단 시작하는 실행력이다. 요즘 각광받는 린 스타트업lean startup● 처럼 한 번에 완벽하게 해낼 필요 없이 실행하면서 수정 보완해 나가면 된다. 뭐든 많이 해 보는 사람이 결국 잘하게 된다. 처음엔 서툴러도 타다 보면 익숙해지는 자전거처럼 말이다. 두려워하지 말고 일단 해 보는 것이 정답이다.

최근 〈놀면 뭐하니?〉의 유재석 부캐(부캐릭터) 열전이 대단하다. 현재까지 부캐만 10개 정도 된다. 매번 새로운 시도를 통해 놀라운 성과를 내는 모습이 실행의 중요성을 다시금 느끼게 한다. 먼저 유재석은 '유고스타'로 변신해 드럼을 배웠고 공연까지 펼쳤다. 난생처음 드럼을 배웠다는 유재석은 기초부터 시작해 다른 아티스트와의 협동 공연까지

● 아이디어를 빠르게 최소 요건 제품(시제품)으로 제조한 뒤 시장의 반응을 살펴 다음 제품 개선에 반영하는 전략

완벽히 소화했다.

　이후 트로트 가수로 변신한 유재석은 '유산슬'이라는 부캐로 다시 한번 활약을 펼쳤다. 부캐 유산슬은 〈놀면 뭐하니?〉를 토요일 대표 예능으로 성장시킨 1등 공신이다. 당시 유재석은 유산슬로 2020 백상예술대상에서 남자 예능상까지 수상했다. 또 트로트계에서 가장 핫한 송가인과 컬래버레이션도 진행하는 등 큰 인기를 끌었다.

　이후에도 유재석의 부캐 행진은 계속되었다. 하프 연주자 '유르페우스'로 예술의 전당 무대에 서고, '닭터유'가 되어 박명수와 함께 치킨 장사에 도전했다. 또한 '유드래곤'이 되어 이효리, 비와 함께 프로젝트 그룹 '싹쓰리'로 활동

하면서 음원 차트 1등을 차지하기도 했다. 모두 불가능해 보이는 미션들이지만 도전해 보니 결국 좋은 결과로 마무리된다. 이처럼 실행을 해야 결과가 나온다. 머뭇거리는 우리들 마음에 꼭 새겨 볼 만한 말이다.

1.
실행할 수 있는 계획을 세운다

현대 사회에서는 누가 성공할 수 있을까? 부모의 가르침대로 공부 잘해서 좋은 대학을 나와 번듯한 직장에 들어가는 사람일까? 과거에는 그럴 수도 있었지만 이제는 세상이 바뀌었다. 이제는 주변을 살펴보면 꾸준하게 자기 길을 가는 사람이 성공하는 모습을 더 자주 볼 수 있다.

성공에 가장 중요한 요소는 스펙이 아니다. 물론 스펙도 필요하지만 그보다는 절대 포기하지 않는 끈기와 노력이 훨씬 중요하다. 노력은 생각보다 훨씬 핵심적인 요소이고 탁월함의 실체라고 볼 수 있다. 재능을 기술로 발전시키려면 노력이 필요하다. 또한 기술을 바탕으로 성취를 이루려고 해도 반드시 노력이 수반되어야 한다. 즉, 재능, 기술, 노력 중 가장 중요한 덕목은 노력이란 뜻이다.

2007년, 『성공하는 사람들의 7가지 습관』을 쓴 세계적인 자기계발 전문가 스티븐 코비Stephen Covey가 한국에 왔다. 그를 만난 기자가 이런 질문을 던졌다.

"지금처럼 변화무쌍한 시대에 살아남기 위해서는 어떻게 해야 할까요?"

그가 답했다.

"누구든지 나이와 상관없이 더 많이 배워야 합니다. 새로운 시대를 따라잡으려면 누구에게나 배움이 필수니까요."

기자의 추가 질문이 이어졌다.

"하지만 일하느라 바빠서 배울 시간이 없다면 어떻게 해야 할까요?"

코비의 답변이 조금 더 길어졌다.

"배움과 훈련을 위한 스케줄을 지금 짜 보세요. 자신의 몸을 편한 영역에서 빼내야 합니다. 스스로 끊임없이 훈련하세요. 자동차에 음악 대신 멋진 책을 하나 사서 놔두세요. 적어도 하루에 1시간은 '톱을 갈 수 있는 시간'을 가져야 합니다."

톱을 간다는 것은 무엇이든 할 수 있는 기본기를 다진 다는 의미다. 잘 갈아 놓은 톱만 있다면 어떤 나무든 원하는 대로 자를 수 있다. 그러니 한 방에 무언가를 이루고 싶은 마음이 차오른다 하더라도 기본부터 시작해야 한다. 갓난아이가 바로 뛸 수는 없다. 일단 기어야 걸을 수 있고, 걸어야 달릴 수 있다.

아주 작은 것부터 시작하자

우리는 살면서 새로운 계기가 주어지면 각오를 다지거나 결심을 하곤 한다. 새해나 새 학기가 시작될 때, 군대를 전역하거나 새로운 사업을 시작할 때가 그렇다. 성적이 만족스럽지 못한 학생은 점수를 올릴 결심을 하고, 불어난 몸무게 때문에 고민인 사람은 다이어트를 계획한다. 벌어들인 돈이 어디로 새는지 모르겠다는 사람은 절약이나 저축을, 음주와 흡연으로 건강이 나빠진 사람은 금주와 금연을 결심한다.

그런데 이런 결심은 과연 얼마나 지속될까? 미국에서 실시한 조사에 따르면 새해 결심이 성공할 확률은 8%에 불과하다. 응답자들이 자존심 때문에 부풀려 답변했을 가능성까지 고려하면 실제 성공 확률은 이보다 훨씬 낮을 것이다. 25%는 1주일 안에 포기했고, 30%는 2주일 안에 포기했으며, 한 달 안에 절반 가까이가 포기했다. 결국 연말까지 지속해서 결심을 이룬 사람은 10명 중 한 명도 채 되지 않았다.

이유가 무엇일까? 결심이나 목표 자체보다는 실행 방법에 문제가 있는 경우가 더 많았다. 예를 들어 초등학생 수준의 영어도 하지 못하는 사람이 욕심을 부려 고등학생 수준의 영어 책으로 공부하거나, 다이어트를 하겠다면서 지금까지 단 1분도 하지 않던 운동을 매일 두세 시간씩 하려고 덤비거나, 하루 천 원도 못 아끼는 사람이 매일 만 원씩 모으려고 한다면 실패할 수밖에 없다.

목표는 원대하게 세우더라도 실천은 아주 작은 것부터 시작해야 한다. 만약 영어 실력을 올리고 싶은데 자신이 중학생 수준이라고 판단된다면(실제로는 중학생 수준도 안 될 가능성이 크다. 사람은 대부분 자기 자신을 과대평가하는 경향이 있기 때문이다), 중학생도 초등학생도 아닌 유치원생 수준에서 출발한다.

좀 황당한 처방인가? 너무 쉬워서 결심할 필요조차 없는 일이라고 생각되는가? 그렇다. 이는 너무 쉬워서 마음만 먹으면 누구나 할 수 있는 방법이다. 하지만 일단 해 보면 유치원과 초등 영어를 순식간에 독파하면서 영어에 자신감이 생기고 재미를 붙일 가능성이 크다. 첫 시도에서 얻은 자신감과 재미는 지속적으로 영어에 관심을 갖게 하고 꾸준히 공부하도록 이끌어 줄 것이다.

건강이나 다이어트를 위한 운동은 어떤가? 일주일에 30분도 운동을 하지 않던 사람이 갑자기 하루 한두 시간씩 무리한다면 한 달도 못 버티고 포기하기 십상이다. 일단 하루 1분의 운동으로 시작하라고 권하고 싶다. 더 쉽도록 스마트폰을 보면서 해도 된다. 그조차도 힘들다면 그냥 1분 동안 서 있기만 해도 좋다.

그게 무슨 운동이냐고? 하지만 생각해 보자. 집에 가면 밥 먹고 누워 TV만 보면서 소파나 침대에서 뒹굴던 사람이 매일 1분 동안 서 있는다면 획기적인 변화가 아닌가? 게다가 너무 쉬워서 도저히 실패할 수가 없다. 실패하지 않으니 점점 재미가 붙고 다음 단계로 올라가고 싶은 욕구가 생긴다.

이렇게 헛웃음이 나올 정도로 아주 작게 시작하고 반복하는 방법을 '스몰 스텝 전략'이라 부른다. 언뜻 단순하기 그지없어 보이지만 뇌를 속이는 치밀한 전략이기도 하다. 뇌는 변화를 무척이나 싫어한다. 뇌의 입장에서 환경이나

상황의 변화는 생존이 위협받는다는 신호기 때문이다. 변화가 급격할수록 뇌의 저항 또한 강렬하고 거칠어진다.

따라서 변화를 위해 뇌를 속일 필요가 있다. 뇌가 변화를 인지하지 못할 정도로 아주 가볍고 작게 시작한다. 재미를 첨가할 수 있다면 금상첨화다. 뇌가 재미있는 일에는 맞서 싸워야 할 적이 아니라 함께 놀고 싶은 친구처럼 반응하기 때문이다.

스몰 스텝 전략은 성적을 올리려는 학생, 불어난 몸무게를 줄이려는 사람, 인간관계를 개선하고 싶은 사람, 연봉을 올리고 싶은 직장인 등 모두에게 유용하다. 바꾸고 싶은 내용은 저마다 다를지라도 아주 작은 것에서 출발해 차츰 변화한다는 원칙은 동일하게 적용할 수 있다.

시간 계획표를 만들자

작은 것부터 시작해도 시간은 필요하다. 그런데 아주 적은 시간이라도 규칙적으로 만들기는 어렵다. 특히 직장인은 더 그렇다. 일과 시간에는 업무에 집중해야 하고 저녁에는 야근이나 회식 등이 이어진다. 주말에는 경조사도 챙겨야 하고 가족들과 같이하는 시간도 필요하다. 내 경험상 직장인에게 가장 효과적인 방법은 새벽 시간 활용이다. 새벽은 가족, 친구, 직장 동료 등 주변 누구도 넘볼 수 없는 시간이기 때문이다. 마음만 먹는다면 오롯이 나를 위해 사용할 수 있다.

따라서 새벽 기상은 직장인에게 꼭 필요한 시간 관리의 시작이다. 습관화하면 단순한 시간 활용을 넘어 삶의 많은 부분에서 변화가 일어난다. 무엇보다 하루가 더 소중하게 느껴진다. 시작이 다르기 때문에 하루를 대하는 자세가 달라진다. 하루를 바라보는 관점이 달라지고 목표를 향한 노력에 더욱 집중할 수 있다. 적어도 1년 동안은 새벽에 일어나 생활해 보자. 삶이 확연히 바뀔 것이다.

이에 더해 일주일의 시간 계획표를 작성하면 더욱 효율적으로 시간을 관리할 수 있다. 학창 시절 방학 계획표처럼 일주일 계획표를 만들어 본다. 그러면 평소 얼마나 많은 시간을 낭비하고 있는지 확인할 수 있을 뿐만 아니라 꽤 많은 여유 시간을 찾을 수 있다. 특히 주말까지 확실한 계획표를 만든다면 평소 허투루 보내던 시간을 알차게 활용할 수 있다.

다만 계획표를 작성할 때도 급격한 변화는 지양한다. 뇌를 속일 만큼 작은 변화부터 시작한다. 또한 모든 시간대에 구체적인 행동을 적는다. 운동이나 공부처럼 막연한 계획이 아니라, 'XX길 트레킹'이나 'OO지역 부동산 임장'처럼 구체적으로 적어야 실행력을 높일 수 있다. 오늘부터 당장 시간 계획표를 짜서 실행해 보자.

2.
주변에 알려라, 그러면 하게 된다

사람은 나약한 존재다. '해야지' 하고 생각하면서도 막상 실행하려면 쉽지 않다. 반대로 '하면 안 된다'고 생각하면서도 결국 저지르고 만다. 이럴 때 다른 사람의 도움이 필요하다. 때로는 격려의 말 한마디나 따뜻한 눈빛 하나가 기운을 북돋아 준다. 그러니 뭐든 혼자 힘으로 하기보다는 주변의 도움을 청하는 편이 낫다. 큰 도움이 아니어도 괜찮다. 조언이나 따뜻한 격려, 혹은 목표를 남에게 이야기한다는 사실 자체가 도움이 되기도 한다. 힘들어서 포기하고 싶을 때마다 남의 눈(?)을 의식해 마음을 다잡을 수 있기 때문이다.

그러니 목표를 세웠다면 주변에 알리자. 특히 이루기 어려운 목표라면 더욱더 소문내자. 널리 알리기 부담스럽다면 가까운 사람들에게만 알려도 도움이 된다. 우리 모두는 자신의 의지만으로 무언가를 이루기에는 나약한 인간이기 때문이다.

목표를 세우거나 실행할 때 멘토의 조언을 받을 수 있다면 더욱 좋다. 나는 부동산 관련 목표가 생기면 부동산 소장님이나 카페 스터디 멤버들과 자주 대화한다. 주식에는 대학 선배와 직장 동료가 좋은 멘토다. 실제로 그들에게 많은 도움을 받고 있기도 하다. 현재 부산에 살고 있지만 업무상 서울에 갈 때마다 지인들과 약속을 잡고 새로운 계획과 목표를 주제로 이야기를 나눈다.

예컨대 나는 12월까지 책을 출간하겠다는 목표를 가족, 친구, 직장 동료에게 알렸다. 그래서 게으름을 피우기 힘들어졌다. 덕분에 퇴근 후 동료들과 소주 한잔하고 싶거나 주말에 느지막이 일어나 TV와 눈높이를 맞추고 싶은 유혹을 뿌리치고 카페에서 책을 보며 글을 쓸 수 있었다. 한번 내뱉은 말은 자신을 움직이는 원동력이 된다.

가끔은 지인들이 실질적 도움을 주는 일도 생긴다. 이 책에 포함된 삽화illustration가 그런 경우다. 같은 회사에 근무하는 L 차장님과 책 출간 이야기를 나누다가 뜻밖에 그분의 그림 실력을 알게 되었다. 그래서 이번 책의 삽화를 부탁할까 고민하던 중에 먼저 그려 주겠다는 제안을 받았다. 너무나 고마운 순간이었다. 이 또한 목표를 주변에 알린 덕분에 이루어진 일이다.

떠벌림 효과

주변에 자신의 목표를 알리면 달성이 더 쉬워진다는 것은 나만의 이야기가 아니다. 심리학에선 이를 '떠벌림 효과profess effect'라 부른다. 주변에 공개적으로 결심을 밝히면 실행력이 높아져 목표를 보다 수월하게 성취할 수 있다는 이론이다. 이는 모턴 도이치Morton Deutsch와 해럴드 제라드 Harold B. Gerard의 1955년 실험에서 유래되었다.

이들은 실험에 참가하는 집단을 A, B, C 세 그룹으로 분류하고, 모두에게 동일한 질문을 던져 각자 답변하도록 했다. 이후 다른 사람의 의견을 듣고 자신의 처음 답변을 바꿀 수 있는 기회를 주었다. 이때 A 그룹은 다른 사람의 의견을 듣기만 하고 자신의 의견을 말하지 않도록 했다. B 그룹은 다른 사람의 의견을 듣기 전 수정이 쉬운 문자판에 자신의 의견을 적도록 했다. C 그룹은 다른 사람의 의견을 듣기 전 종이에 자신의 답변을 적고 서명까지 하도록 했다. 이후 참가자들이 다른 사람 의견을 들은 후 얼마나 바뀌었는지 알아봤다.

A 그룹은 24.7%가 자신의 의견을 바꾸었다. B 그룹은 16.3%, C 그룹은 5.7%가 의견을 수정했다. 실험 결과 자신의 의견을 확실하게 표명할수록 처음 생각을 유지하는 비율이 높았다. 사람은 누구나 남들에게 떠벌린 사실을 가능하면 번복하지 않으려 하기 때문이다. 심리학에서는 금연 성공의 비결 중 하나로 떠벌림 효과를 꼽기도 한다. 더 많은 이에게 금연 결심을 이야기할수록 성공 확률이 더 높아진다고 한다.

경영학에서 중요시하는 회사의 비전 선포식 또한 일종의 떠벌림 효과로 볼 수 있다. 실제로 목표와 방향을 정해 비전 선포식을 한 회사는 그러지 않은 회사보다 성장률이 높다고 한다. 이처럼 강력한 떠벌림 효과를 개인에게 적용한다면 무시 못 할 효과를 누릴 것이다.

3.
끝까지 포기하지 말자

세일즈맨은 몇 번 정도 거절당하면 고객을 포기할까? 미국 마케팅 리서치 회사인 다트넬Dartnell의 조사 결과에 따르면 단 한 번의 거절에 48%의 세일즈맨이 고객을 포기했다. 두 번 거절당한 다음에 포기한 사람은 25%, 세 번까지 권유했다가 포기한 사람은 15%였다. 결국 세 번만 거절당해도 88%의 세일즈맨이 고객을 포기해 버렸다. 반대로 세 번 이상의 거절에도 포기하지 않는 사람은 겨우 12%에 불과했다. 그럼 88%와 12%의 영업사원 중에 어느 쪽이 더 많은 매출을 올렸을까? 물어볼 필요도 없을 것이다.

대부분 사람들은 인간관계나 영업에서 몇 차례 시도에도 상대가 달라지지 않으면 앞으로도 변화가 없을 것이라 판단한다. 더 이상의 노력이 무의미하다고 생각해 포기하고 만다. 하지만 소수의 사람들은 다르다. 이들은 어떠한 상황에서도 포기하지 않고 계속 도전한다. 상대가 겉으로는 달라지는 점이 없는 듯해도 시도할 때마다 내면에는 조금씩 변화가 일어난다고 믿는다. 포기하지 않고 꾸준히 노력하다 보면 반드시 상대방의 태도가 바뀌는 순간이 도래한다고 생각한다. 이것이 결정적인 차이다. 결국 한 걸음 더 나아가 성공을 거머쥔다.

또한 이들은 포기하지 않는 도전을 몸에 새기고 시스템으로 만들어 일상적으로 실천한다. 도전을 습관으로 만드는 것이다. 능력이 있다면 다른 이보다 한발 앞서 나갈 수 있다. 하지만 습관을 바꿀 수 있다면 남들보다 열 걸음 이상을 앞서 나간다. 새로운 습관을 익혔다는 사실은 자신과의 싸움에서 이겼음을 의미한다. 성공은 바로 자신과의 싸움에 달려 있다.

스스로 마감을 정하고 미루지 않기

새해가 되면 누구나 이런저런 계획을 세운다. 하지만 대다수는 시작도 못 하고 잊어버린다. 시작은 했지만 제대로 마무리를 못 한 채 끝나는 경우도 많다. 이른바 작심삼일이 되고 마는 것이다. 왜 이런 일이 벌어질까? 시작도 못 한다면 실천을 미루는 버릇 때문이다. "내일부터 다이어트해야지, 내일부터 공부해야지….” 참 많이 들어 본 말이다.

오늘 일을 뒤로 미루거나 내일 할 일을 앞당겨 끝내는 것은 실패와 성공의 갈림길이 된다. 늘 미루는 사람은 결국 마감에 쫓겨 정신없이 바쁘기 마련이다. 이런 일이 반복되다 보니 항상 분주해 보이지만 실속은 별로 없다. 반면에 내일 일을 미리 하는 사람은 마감에 쫓기는 법이 없다. 언제나 여유 있게 움직이면서도 모든 일을 내실 있게 처리한다. 이런 사람은 남이 정해 준 마감도 스스로 재설정한다. 가능하면 좀 더 앞당겨 여유 있게 마치려 한다. 당연히 마감에 쫓겨 허겁지겁 마무리할 때보다 실수가 줄고 결과물의 질이 뛰어나다.

나 역시 몇 년 전부터 자산관리와 자기계발에 관한 책을 쓰고 싶었지만 마음만 있을 뿐 선뜻 실행에 옮기지 못했다. 그러던 어느 날 출판사에서 제의를 받고 즉시 응했다. 출판사가 정해 준 마감 시한은 12월이지만 11월까지 마치기로 마음먹었다. 남은 한 달은 퇴고를 위한 시간으로 정했다. 스스로 마감을 앞당기니 자연스럽게 집필에 집중할 수 있었다. 그러면서도 여유를 가질 수 있으니 일석이조란 생각이 든다.

이제는 전설이 된 영화 〈빠삐용〉에서 주인공은 누명

을 쓰고 감옥에 갇힌다. 억울하다는 생각에 고통은 더 심해진다. 그때 꿈을 꾼다. 꿈에서 다시 재판을 받는데 이번에도 유죄였다. 죄목은 무엇이었을까? 바로 시간 낭비였다. 시간을 낭비한 죄! 그는 고개를 끄덕일 수밖에 없었다.

시간은 다시 오지 않는다. 시간은 지나가는 것이다. 버스, 지하철, 기회 모두 오는 것이 아니라 지나가는 것이다. 지나가는 버스와 지하철에 올라타거나 기회를 붙잡는 일은 바로 자신이 해야 한다. 언젠가 시작하겠다고 생각만 한 채 아직 못 한 일이 무엇인가? 실행에 옮길 시기는 언제이고 마감일은 언제인가? 자신만의 시작과 끝을 정해 보자. 반드시 끝내야 할 일이 생기면 어떻게든 끝내게 된다. 그 짜릿함을 느껴 보자.

미루는 버릇 극복하기

누구나 하기 싫은 일은 미루고 싶다. 문제는 그것이 꼭 해야 할 뿐만 아니라 중요한 일이라는 점이다. 이럴 때는 다른 일을 핑계 대면서 마음의 위안을 삼기도 한다. 적어도 게으름을 피우는 건 아니니까. 마치 보고서를 쓰기 싫어 하루 종일 서류 정리만 하는 식이다. 성공하려면 당연히 이런 버릇을 고쳐야 한다. 하지만 미루는 버릇을 고치려면 의지만으로는 부족하다. 이럴 때는 목표를 설정하고 반드시 해야 할 일을 자세하게 적은 다음, 시간을 잘게 나누어 배정하면 도움이 된다.

예를 들어 보고서를 작성한다면 1시간 동안 자료 정리하기부터 시작해 본다. 작은 보상까지 곁들이면 효과는 배가된다. 1시간 동안 열심히 자료를 정리하고 나서 맛있는 음식을 먹는 식이다. 이를 반복하다 보면 어느새 훌륭한 보고서가 완성되어 있을 것이다.

아무리 복잡해 보이는 일도 기초부터 차근차근 진행하면 미루지 않을 수 있다. 처음부터 너무 큰일을 하려다 보면 자꾸만 미루게 된다. 무엇보다 일단 조금이라도 움직여 목표를 향해 나아가는 습관이 중요하다. 시간 관리까지 곁들이면 더욱 좋다. 또한 일을 미룰 경우 나중에 감당해야 할 결과를 예상하며 적당한 스트레스를 받을 줄도 알아야 한다. 결코 비관적인 사람이 되라는 말이 아니다. 현실적인 태도로 미래를 내다보고 준비하는 사람이 되라는 뜻이다.

큰 소리로 외쳐 보자

성공하는 사람은 말부터 다르다. 언제나 확신에 차 있고 긍정과 낙천이 충만하다. 성공해서 말이 달라진 것이 아니라 말이 다르기에 성공한 것이다. 사람은 말의 지배를 받는 동물이기 때문이다. 반대로 성공과 멀리 떨어져 있는 사람의 말은 자신이 없고 부정과 비판으로 가득 차 있다. 그리고 늘 남을 탓하거나 욕을 한다.

말에는 주술 효과가 있다. 즉, 말하는 대로 실현되려는 기운이 생긴다. 바로 말이 지닌 '자기 암시성'이다. 인간 뇌세포의 98%가 말의 지배를 받는다고 한다. 말에는 행동을 유발하는 힘이 있다. 말이 뇌를 움직이고, 뇌는 척수를 지배하며, 척수는 행동을 통제하기 때문이다. 말이 뇌에 전달되어 행동으로 이어지는 셈이다. 할 수 있다고 말하면 할 수 있게 되고, 할 수 없다고 말하면 할 수 없게 되는 이유가 여기에 있다.

말의 효과를 제대로 보려면 반드시 입 밖으로 소리 내어 내뱉어야 한다. 머릿속으로 혼자 외쳐서는 별반 효과가 없다. 큰 소리를 내거나 아예 소리를 지르면 더욱 좋다. 나는 중요한 일이 있을 때 차 안에서 큰 소리로 "할 수 있다. 파이팅!"이라고 외친다. 차 안이기 때문에 누구 눈치도 보지 않고 소리칠 수 있다. 한바탕 외치고 나면 이상할 정도로 일이 잘 풀린다.

말 한마디로 천 냥 빚을 갚는다고 했다. 말에는 예언

의 힘이 있어서 이런 식으로 일이 풀리는 경우가 드물지 않다. 물을 향해 좋은 이야기를 하면 물 입자가 바뀐다는 말까지 있지 않은가. 이처럼 말에는 일의 결과는 물론 인생까지 바꿀 수 있는 힘이 있다. 정겨운 인사 한마디가 하루 성과를 좌우하고 인생의 성패까지 결정한다는 뜻이다. 그러니 성공하고 싶다면 먼저 말부터 바꾸어야 한다. 가능하면 당장 실천해 보자. 지금 힘들고 어려운 상황에 처해 있다면, 내일 중요한 프로젝트가 있다면 한번 외쳐 보자. "나는 할 수 있다! 나는 할 수 있다!! 나는 할 수 있다!!!"

말을 바꾸려면 긍정적인 마인드가 필요하다. 실패를 두려워할 필요가 없다. 세상을 살아가다 보면 승진에 누락될 수도 있고 시험에 떨어질 수도 있다. 실패조차 배워 가는 과정으로 받아들이는 마음이 긍정적인 태도다. 실패를 전화위복의 계기로 삼는 것이다.

우리는 삶을 살아가면서 많은 목표를 가진다. 오늘 하루를 위한 목표도 있고, 인생 전체의 목표도 있다. 인생 목표라면 많은 시간과 노력만으로는 충분치 않다. 반드시 해내겠다는, 이룰 수 있다는 자기 믿음이 더해져야 한다. 이 책에 담겨 있는 긍정의 주문呪文으로 자기 확신을 키워 보자.

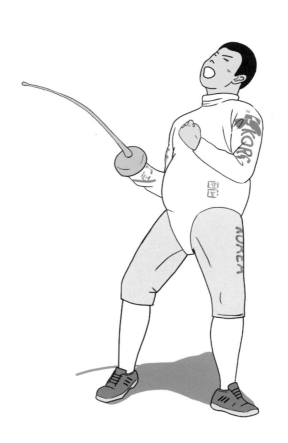

Tip. 일주일을 효과적으로 보내는 법

일주일을 효과적으로 보내려면 스케줄 관리가 중요하다. 무엇보다 스케줄을 머리로 기억하는 대신 정확하게 기록해야 한다. 특히나 건망증이 일상화된 40대에게 기록은 필수다. 무리해서 머릿속에 집어넣은 스케줄은 뇌의 단기 기억 영역을 차지하고, 그 결과 머리가 잘 안 돌아간다. 그러니 스케줄은 기록에 맡기고 뇌는 지금 처리해야 하는 일에 집중시킨다. 이미 지나가 버린 과거나 아직 오지 않은 미래가 아니라 현재의 일에 몰입하라는 뜻이다.

일주일 스케줄을 짤 때 요일마다 변화를 주면 더 알차게 보낼 수 있다. 예컨대 한 주의 시작인 월요일은 전력 질주보다는 일주일을 대비하는 워밍업으로 삼는다. 특히 월요일 오전 스케줄에 따라 한 주의 페이스가 좌우되기 쉽다. 월요일 오전이 바쁘면 일주일 내내 정신없이 보내게 된다는 얘기다. 그렇다고 성과가 쌓이는 것도 아니다. 그저 월요일 오전부터 바빠진 뇌가 쉬지 않고 질주하는 것뿐이다. 마음만 바쁘고 일은 제대로 안되기 십상이다.

그러므로 월요일에는 외근이나 변동 가능성이 있는 스케줄은 되도록 잡지 않는다. 특히 월요일 오전에는 되도록 중요한 일을 피한다. 월요일 오전에 부담되는 일이 있다면 사전에 준비를 하느라 주말에 제대로 쉬기 어렵기 때문이다. 중요한 일정은 가능한 수요일쯤으로 잡는다. 그러면 사전 준비도 여유 있고 주말 전에 후속 작업을 처리하기에도 시간이 충분하다.

그러니 수요일에는 적극적으로 회사 밖 미팅을 잡는다. 이미 월요일과 화요일, 이틀의 준비 기간을 거쳤으니 일을 더 알차게 처리할 수 있기 때문이다. 실제로 회사 생활을 하다 보면 중요한 일이 주로 수요일에 잡히는 상황을 경험할 수 있다. 수요일을 잘 활용하면 일주일간 여유로운 변화와 리듬이 생긴다.

금요일은 한 주를 되돌아보고 다음 주를 계획하는 날이다. 이때는 다음 주에 할 일의 순서를 정하는 것이 중요하다. 빈틈없이 일정을 잡아 놓아야 주말에 편히 쉴 수 있다. 주말을 푹 쉬면서 지내고, 월요일 오전까지 여유 있게 보낸다면 '별로 한 일도 없는데 한 주가 금방 지나가 버리는 사태'를 피할 수 있다. 무리 없는 일정이 기분 좋은 리듬을 만든다.

어떤 이는 눈코 뜰 새 없이 일주일을 보냈다며 자랑스레 이야기하기도 한다. 하지만 정신없이 바쁘게 하는 일은 완성도가 떨어지기 마련이다. 창의력 또한 여유에서 나온다. 진짜 일을 잘하는 사람은 집중할 때와 쉴 때를 잘 구분하고 지킨다. 절대 시간에 쫓기며 살지 않는다. 오히려 바쁘다고 입버릇처럼 말하는 사람일수록 일을 못하는 경우가 많다. 더군다나 본인은 그런 사실을 잘 모른다. 만약 마음속이 조금 뜨끔하다면 안 해도 되는 일부터 하나씩 스케줄 표에서 지워 보자. 그러면 해야 할 일이 명확해지면서 여유를 되찾을 수 있을 것이다.

시간이야말로 가장 중요한 자본이다. 시간을 어떻게 운용하는지에 따라 인생에서 얻게 될 보상의 형태가 달라진다. 시간은 항상 지금 이 순간밖에 없다. 당장 할 수 있는 일을 고민하고 실행해 보자. 그런 시간이 쌓이고 쌓여 미래가 되고 꿈이 현실로 이어질 것이다.

에필로그

    누구에게나 단 한 번뿐인 인생이다. 타인의 말이나 사회 통념에 흔들리지 말자. 스스로 자유롭게 인생을 설계하고 실현하자. 이제는 인생을 얼마나 주도적으로 충실하게 사느냐가 가장 중요한 시대다. 체면을 생각하면 주위의 인정이 더 중요해 보일지도 모른다. 하지만 자신의 인생을 남의 생각에 맡기는 건 리스크가 너무 크다. 인생은 도박이 아니라 스스로 키워 가는 것이다.

    보다 높은 목표를 세우고 싶다면 스스로에게 질문해 보자. 질문하는 사람만이 답을 찾아낼 수 있다. 스스로 질문을 던지지 않는 사람은 누군가가 이미 던진 질문의 세상에서 살아가게 된다. 다른 누구도 아닌 자신만의 미래를 준비하려면 스스로 질문을 던져야 한다.

    미래를 열심히 준비하면 회사를 원할 때까지 더 오래

다니는 지름길이 된다. 미래를 충실히 준비하는 사람은 다른 일도 열심히 하기 마련이고, 이렇게 쌓인 전문성이 업무에 반영되어 좋은 평가를 받기 때문이다. 그러다 보면 그 어렵다는 정년퇴직도 남의 일이 아니다. 또 중간에 직장을 그만두고 새로운 도전을 하더라도 성공할 가능성이 크다.

철학자 프리드리히 니체Friedrich Wilhelm Nietzsche는 "왜 살아야 하는지를 아는 사람은 어떤 어려움도 견딜 수 있다."라고 말했다. 명문대를 졸업하고 대기업에 다니며 많은 돈과 좋은 아파트, 자동차를 가지고 남부럽지 않게 살아도 삶의 의미와 이유를 모른다면 허무할 수밖에 없다. 중요한 것은 삶의 외형이 아니라 인생의 목적의식이다. 즉, 자신만의 철학이 필요하다.

직장에 다니는 기간은 안전하게 자신의 철학과 꿈을 키울 수 있는 절호의 기회다. 이 시기를 어떻게 보내느냐에 따라 퇴직 이후의 삶이 달라진다. 승부에서 이기는 것보다는 일단 도전하는 자세가 중요하다. 후회 없는 인생을 살기 위해서는 끊임없이 도전해야 한다. 세상의 이목에 신경 쓰기보다 자신의 실력으로 몇 번이고 해 봐야 한다. 아무 생각 없이 조직에 안주하거나 도망치는 사람은 정체된 인생을 살게 될 확률이 높다. 어떤 이유라도 상관없다. 무엇이든 하는 게 좋다고 느낄 때가 적기다.

　이 책에는 여러분의 후회 없는 직장 생활을 위해 필요한 내용을 담았다. 스스로 한계를 설정하지 말고 다양한 세상에 관심을 가졌으면 좋겠다. 책의 내용 중 자신의 삶에 적용할 만한 부분이 있다면 당장 실천으로 옮겨 보자. 최고의 자신이 되기 위해서는 멈추지 않고 늘 행동해야 한다.

　개미같이 일하면서도 베짱이처럼 생활하자. 그래야 먼 훗날 대부분 사람들이 하는 후회를 하지 않을 수 있다. 그것이 이 책의 핵심이다. 여러분의 꿈이 이뤄지기를 진심으로 기원한다.

참고서적

강민호(2019), 『브랜드가 되어간다는 것』, 턴어라운드

기시미 이치로 · 고가 후미타케(2015), 『미움 받을 용기』, 인플루엔셜

김민식(2018), 『매일 아침 써 봤니?』, 위즈덤하우스

김봉진(2018), 『책 잘 읽는 방법』, 북스톤

김승호(2020), 『돈의 속성』, 스노우폭스북스

김영식(2008), 『10미터만 더 뛰어봐』, 중앙북스

김호(2016), 『나는 왜 싫다는 말을 못 할까』, 위즈덤하우스

김호(2020), 『직장인에서 직업인으로』, 김영사

김형석(2016), 『백년을 살아보니』, 덴스토리

나폴레온 힐(2011), 『놓치고 싶지 않은 나의 꿈, 나의 인생』, 국일미디어

대니얼 타운 · 필 타운(2020), 『아빠와 딸의 주식 투자 레슨』, 에프앤미디어

랜디 포시(2008), 『마지막 강의』, 살림출판사

로버트 기요사키(2018), 『부자 아빠, 가난한 아빠(20주년 특별 기념판)』, 민음인

로버트 기요사키(2019), 『페이크』, 민음인

로버트 마우어(2016), 『아주 작은 반복의 힘』, 스몰빅라이프

류쉬안(2019), 『심리학이 이렇게 쓸모 있을 줄이야』, 다연

리즈 칸(2015), 『알 왈리드, 물은 100도씨에서 끓는다』, 김영사

맬컴 글래드웰(2009), 『아웃라이어』, 김영사

무라마츠 다츠오(2008), 『고객의 80%는 비싸도 구매한다』, 씨앤톡

박태현(2013), 『앞으로 뭐 하고 살지?』, 중앙북스

박형미(2009), 『벼랑 끝에 나를 세워라』, 맑은소리

박형근(2019), 『마흔으로 산다는 것』, 미래북

브라운스톤(2020), 『부의 인문학』, 오픈마인드

서광원(2011), 『시작하라 그들처럼』, 흐름출판

서준식(2019), 『채권쟁이 서준식의 다시 쓰는 주식 투자 교과서』, 에프엔미디어

선대인(2018), 『일의 미래, 무엇이 바뀌고 무엇이 오는가』, 인플루엔셜

손성곤(2019), 『나 회사 너무 오래 다닌 것 같아』, 카멜북스

송양민 · 우재룡(2014), 『100세 시대 은퇴 대사전』, 21세기북스

스티븐 코비(1994), 『성공하는 사람들의 7가지 습관』, 김영사

오구라 히로시(2010), 『서른과 마흔 사이』, 토네이도

유시민(2013), 『어떻게 살 것인가』, 생각의길

이민규(2011), 『실행이 답이다』, 더난출판사

이시형(2010), 『공부하는 독종이 살아남는다』, 중앙북스

이영주(2008), 『부자 강의』, 더난출판사

이익선(2012), 『말하는 대로 꿈꾸는 대로』, 위즈덤하우스

이정열(2020), 『돈 되는 재건축, 재개발1, 2』, 잇콘

이지훈(2010), 『혼창통』, 쌤앤파커스

이영권(2011), 『오래 멋지게 행복하게』, 살림출판사

조성우(2019), 『아이템은 어떻게 비즈니스가 되는가』, 서영

존 리(2016), 『엄마, 주식 사주세요』, 한국경제신문사

존 리(2020), 『존 리의 부자 되기 습관』, 지식노마드

찰스 두히그(2012), 『습관의 힘』, 갤리온

청울림(2018), 『나는 오늘도 경제적 자유를 꿈꾼다』, 알에이치코리아

칩 히스 · 댄 히스(2011), 『스위치』, 웅진지식하우스

칼 뉴포트(2019), 『열정의 배신』, 부키

플로랑스 비나이(2017), 『몸을 씁니다』, 도서출판가지

하나금융그룹(2020), 「대한민국 퇴직자들이 사는 법」, 하나금융그룹

혜민(2016), 『완벽하지 않은 것들에 대한 사랑』, 수오서재

N잡러 시대의 슬기로운 직장 생활

초판 1쇄 펴냄   2021년 2월 22일

지은이   정성훈
그린이   이동현
펴낸이   최나미
편집   김동욱
디자인   이솔이
경영지원   고민정

펴낸곳   한월북스
출판등록   2017년 7월 13일 제2017-000007호

주소   서울시 강남구 광평로 56길 10, 광인빌딩 4층(수서동)
전화   070-7643-0012
팩스   0504-324-7100
이메일   hanwallbooks@naver.com

ISBN 979-11-972081-2-6 03320